体育资源的管理配置及应用研究

丁春琴◎著

中国原子能出版社

图书在版编目（CIP）数据

体育资源的管理配置及应用研究 / 丁春琴著 . -- 北京 ： 中国原子能出版社，2023.6
ISBN 978-7-5221-2751-4

Ⅰ．①体… Ⅱ．①丁… Ⅲ．①体育－资源管理－研究②体育－资源配置－研究 Ⅳ．① G81

中国国家版本馆 CIP 数据核字（2023）第 104054 号

体育资源的管理配置及应用研究

出版发行	中国原子能出版社（北京市海淀区阜成路43号　100048）	
责任编辑	杨晓宇	
责任印制	赵　明	
印　　刷	北京天恒嘉业印刷有限公司	
经　　销	全国新华书店	
开　　本	787㎜×1092㎜　　1/16	
印　　张	13	
字　　数	218千字	
版　　次	2023 年 6 月第 1 版	2023 年 6 月第 1 次印刷
书　　号	ISBN 978-7-5221-2751-4	定　价　72.00 元

作者简介

丁春琴，女，浙江绍兴人，副教授，民进会员，基础教学部（军体部）体育教师，从事体育教育35年，担任体育与健康课程和乒乓球课程的教学，曾被评为浙江省"教坛新秀"和杭州市"教坛新秀"，主持省部级课题一项和多项厅局级课题，发表论文10余篇，曾被聘为校首届学术委员会委员。带队参加2019年浙江省大学生运动会，获阳光项目轮滑比赛团体一等奖；带队参加2020年浙江省大学生乒乓球锦标赛获得女单第一，男单第二，混双第二。

前 言

从古至今，体育在人类历史进程中都占据着十分重要的位置。随着时代的发展，社会经济发展速度不断加快，人们承受的工作与生活压力越来越大。体育运动逐渐成为人们加强身体锻炼的一个途径，同时也是一种健康的娱乐形式，体育运动逐渐贯穿于人们的整个生命旅程。人们通过体育运动能够实现强身健体的目的，这是因为体育运动能够调节和完善人的身体机能，从而维持人的心理和生理的平衡。此外，体育运动还能在很大程度上保障社会的和谐发展和基本的稳定。

近年来，随着人们对体育运动认识的不断加深，各种体育运动在人们的生活中越来越普及，并且已经成为一个不可逆转的社会潮流，体育运动逐渐成了人们生活中不可缺少的一部分。当然，人们要想进行体育运动，必要的运动设施是不可缺少的，另外还要有相应的空间。

本书共分为五个章节，第一章为体育资源概论，主要从体育资源的基本概念及理论、体育资源的管理以及体育资源的研究意义进行详细的论述；第二章为体育人力资源，主要是从资源获取、资源配置、资源激励、资源绩效管理、资源培育、资源保留六个方面进行详细的论述；第三章为体育场馆资源，主要是从体育场馆的基本概念、体育场馆主要的管理模式、体育场馆资源利用的现状以及体育场馆投资融资策略四个方面进行详细的论述；第四章为体育设施资源，主要从体育设施管理、体育设施政策、体育场馆设施供给三个方面对体育设施资源进行详细的阐述；第五章为高校体育课程资源，主要是从高校体育课程资源的理论研究、高校体育课程资源的开发与利用、高校课程资源的平衡与优化以及体育课程资源的建设与开发四个方面进行详细的论述。

　　在撰写本书的过程中，笔者得到了许多专家学者的帮助与指导，参考了大量的学术文献，在此表示真诚的感谢，本书内容系统全面，论述条理清晰、深入浅出，但由于笔者水平有限，书中难免会有疏漏之处，希望广大读者批评指正。

目 录

第一章　体育资源概论

通过研究我们发现人类的一切活动都离不开资源，体育资源也不例外，因此本章将从体育资源的基本概念及理论、体育资源的管理以及体育资源的研究意义三个方面进行详细的阐述。

第一节　体育资源基本概念及理论

作为推动体育产业持续发展的重要物质基础，体育资源已经成为一种形式多样的载体来为体育事业发展服务。体育资源的界定应在考察资源定义的基础上，通过资源与体育活动的关系进行具体定义。体育资源与体育教育和体育理论研究有着密不可分的联系，而且还与资源、地理、文化等学科有着密切的联系。

一、体育资源的分类

根据不同的分类原则，体育资源可以分为以下几类：第一，按照体育本质属性体育资源可以分为社会资源和自然资源两大类。第二，根据物质的存在形式，体育资源可以分为有形物质和无形物质。第三，按体育活动的性质，体育资源可以分为陆地运动资源、水上运动资源和空中运动资源。第四，按照体育资源的开发程度，体育资源可以分为潜在开发或未经开发的资源和将要开发或已经开发的资源。第五，体育资源按照资源利用度，可以分为人力资源、信息资源等。本章我们主要分析的是按照资源利用度分类的体育资源。

（一）体育人力资源

人力资源是衡量国家实力的一个重要指标，提高人力资源的素质对于提升一个国家的发展水平发挥着越来越重要的作用。

作为人力资源的一部分，体育人力资源有广义和狭义之分。具体来讲，广义的体育人力资源主要是体育系统内外一切能够推动体育发展的劳动能力的总和，主要包括两个部分，即智力劳动者的劳动能力和体力劳动者的劳动能力。从狭义的方面来看，体育人力资源是指体育系统中能够推动体育发展的体育专业人员的劳动能力的总和，这里所说的体育专业人员主要包括体育专业培养的专业人才，或者是一些受过专门体育训练和培训的人才。

（二）体育信息资源

同人力资源一样，信息资源也有广义和狭义之分。从广义的角度来看，在信息活动中会出现各种要素，所有要素的总和就是广义上的信息资源，这些要素不仅包括信息本身，还包括与信息有关的各种资源，比如人员、技术、设计以及资金。从狭义的角度来说，信息资源指的是体育资源理论研究的集合，其内容主要包括数据资源、文献资源，以及各种媒介和形式的信息。比如，文字、电子信息、印刷品、声像、数据库等。

体育信息资源包括书籍、杂志、报纸、电视和互联网等。体育活动和自媒体技术的结合能够充分发挥现代传媒的力量，推动现代体育运动文化的传播，从而推动体育健身运动的发展。由此可知，体育信息资源就是可以经过一定的传输和处理，并能够表现和传播以体育运动代表的各种体育现象和相互关联的特征性内容的文本、数据或信号等。

二、体育资源的特征

（一）界限的模糊性

通常来讲，体育活动和环境之间存在着一个交互界面，这个交互界面具有广泛、友好的特点。因此，体育资源与非体育资源的界限比较模糊。具体来讲，就是体育资源的和非体育资源在一定的情况是可以相互转化的，比如，在不同的时期，或者在不同的条件下，根据人们不同的需求可以实现体育资源与非体育资源之间的相互转化。举个例子来说，大到自然界的山川湖海，小到学生课堂中桌椅，本身并不是体育资源，但是在一定的条件下，比如一些体育竞赛、学校运动会等，都可能转化为重要的体育资源。同时，当前或曾经的体育资源在未来也可能转化为非体育资源，如一些体育俱乐部由于经营和竞技等问题导致其在体育市场的影响力逐年下降，进而未来不能在所在区域内构成产生一定社会效应和经济效应的资源要素，也就意味着它在未来将会由体育资源转化为非体育资源。

（二）存在的差异性

由于时代、国家、地域的不同，社会经济、科学技术发展程度的差异，人们对体育的认识也有较大的差别，使体育资源在不同的地域表现出很大的差异性。例如，一项体育活动可能在一些地区具有一定的优势传统，能够在该地域发挥较大的影响力，因此它可以成为该地区具有市场潜力的资源内容项目，继而成为该地区的一种重要的体育资源。但这种体育活动一旦进入那些没有该项运动传统的地区时，由于没有相应的运动基础和基础设施，因此得不到该地市场的认可，也就不能在这个地区成为有用的体育资源。又如，一些自然界的物体，如高山、大河等，对于经济条件较好的地区的人们来说，是一种难得的体育资源，这些资源能够为当地体育运动提供天然的硬件条件，进而成为这些运动开展的重要基础设施，同时也能被用作体育旅游的开发项目，具有很大的经济价值。而对于一些经济水平较为低下的地区来说，这些自然的物品由于没有经济能力开发，因此无法成为可用的体育资源。

（三）应用潜力的有限性与无限性

体育资源并不拥有无限的应用潜力。比如，在一定的历史条件下，针对人们当时的体育需求，体育资源的应用潜力是有限的。因此，可以说在体育运动中，作为载体的物质性和非物质性的各要素在实际中的应用潜力是有限的。在竞技体育运动中，为了能够挑战人类体能的极限，运动员需要不断提升自身的成绩，而这种成绩的提升都将是体育资源潜力发挥的过程，这种资源主要包括物力资源、人力资源和财力资源等，然而相对于大众对体育成绩提升的需求来说，这种资源应用潜力也是有限的。除此之外，还有一个问题值得我们重视，那就是未来体育资源对于现实体育来说，其应用潜力是无限的，比如在种类、数量等方面，未来体育资源都具有无限性的特点。目前来说，随着人类社会的不断发展，科技水平也在不断提高，在体育资源开发方面，人们也在不断取得新的进展。而体育资源在不断地更新和增加的同时，其应用潜力必然会不断地提高，以期满足人类体育运动的需求。

在实际利用体育资源的过程中，我们已经了解到体育资源本身存在一些特性。但事实上，人们在掌握、开发以及利用体育资源的过程中，也表现出了多种特性：第一，体育资源需求的边缘性。具体来说，就是人们对于体育资源的需求实际上存在很大的弹性，因为对于体育资源的需求毕竟不像人们的生存需求那样不可缺少，另外，对于体育的资源的开发也不像军事、科研领域那样在开发的过程中非常谨慎、精打细算。第二，人们对于体育资源的认识是具有发展性的。具体来说，一方面，在科技与经济不断发展的今天，我们发现，可供人们开发和利用的体育资源越来越多；另一方面，随着科技的进步，人类文明程度的提高，体育理论和技术在众多相关学科的理论和技术的融入下，变得更加具有科学性。

第二节　体育资源的管理

一、体育资源管理的概念

要想了解体育资源管理的概念，我们需要先了解管理的概念。管理指的是人们通过一列的手段达到自己预期的一切活动的总称。要想实现管理，首先要建立在认识和掌握事物的内部规律和外在关系的基础上。在管理的过程中，涉及的职能包括计划、组织、指挥、协调、控制、激励等。通过这些职能，能够使人、财、物以及信息等实现有效的利用，以帮助人们达到预期目标，从而到达管理的目的。体育资源管理就是所有对体育资源进行管理的活动，与管理一样，体育资源的管理也是要通过一些手段或者职能来实现，即计划、组织、指挥、协调、控制、激励等。体育资源管理通过这些手段对体育系统内各类资源进行科学、合理的开发，达到人尽其才、物尽其用，从而实现体育资源管理目标。

二、体育资源管理的原则

体育资源管理是一项政策性、技术性、经济性很强的工作，体育资源管理工作复杂、艰巨。为了搞好体育资源的管理工作，必须要遵循以下基本原则。

（一）系统性原则

相互联系、相互作用的要素在一定环境下结合成具有特定功能的有机整体，就是系统。它的基本特征是具有整体性、层次性、目的性，以及对环境具有适应性。可以这样说，任何的社会组织都是由人、物、信息等要素组成的，而且任何的管理都是针对一定系统的管理。事实上，体育资源的开发、利用也是一个系统，因此对体育这个复杂的系统的管理，也要注意遵循系统的管理原则和管理方法，并且在系统理论、思想的指导下进行。

1. 对体育资源管理应统筹考虑，努力达到系统整体最优化

系统是一个有机的整体，是由若干要素组成的，要素与系统之间的关系要以整体为主进行协调，要从整体着眼，局部着手，这样才能达到系统整体优化的目标。从系统的功能来看，系统的功能不等于要素功能的简单相加，往往大于各要素功能的总和，即"整体大于部分之和"。"整体"之所以能大于"部分"之和，就是因为"部分"在结合的过程中，由于结合得科学、合理，从而使系统产生一种"新质"，即新的功能或功能放大。因此，系统各要素的功能必须服从系统整体的功能，否则就会削弱整体功能，从而导致资源的浪费。

体育资源管理也必须坚持局部利益服从全局利益的系统性原则，全局利益即国家体育事业发展的总目标，它是我国体育事业的最高利益，各地方利益、部门利益、企业利益以及其他局部利益均应无条件地服从这一最高利益。从系统的整体性特征来看，局部和整体存在着复杂的联系和交叉效应。大多数情况下，局部利益与整体利益是一致的，对局部有利的，对整体也有利；反之，对整体有利的，对局部也是有利的。但有时对局部有利，对整体并不一定有利，甚至是有害的。例如，在竞技体育领域就存在着各省市、自治区的全运战略与国家的奥运战略相抵触的情况。各地方只将眼光瞄准在本省的金牌数量，单就这一点而言，无疑对本省竞技体育的

发展是有益的。然而，过多地强调本省、本地区的利益，则往往使得竞技体育的发展失去了它的系统性，急功近利、短期行为盛行，从而造成国家体育资源的巨大浪费。

2. 从全局出发进行综合管理

所谓综合就是把系统各要素的方方面面联系起来，充分考虑其中的共同性与特殊性，并找出其内在的规律性。一个管理系统所涉及的因素非常复杂，如果对这些因素在分析的基础上进行很好的综合，各种关系能协调一致，就能充分发挥系统的功效，反之就不能达到系统预期的目标，而且还有可能造成不堪设想的严重后果。

在对体育资源进行管理的过程中，对体育资源系统的要素进行综合分析是十分必要的。本书在涉及体育人力资源、场馆资源、信息资源、科技资源、赛事资源及旅游资源的管理问题时，也同样将之看成是体育资源的有机组成部分，既要看到它们之间相互联系、相互依赖的一面，同时也要看到它们相互制约、相互转化的另一面，应努力克服某一单项资源管理的弊端，尽可能地做到统筹兼顾，综合管理。

3. 运用动态原理，实施动态管理

系统作为一个有机整体，其稳定性是相对的，运动状态则是绝对的。系统不仅作为一个功能实体而存在，而且也作为一种运动实体而存在，系统与环境的相互作用也是一种运动。系统的功能是时间的函数，因为不论是系统要素的状态和功能，还是要素联系的状态和环境的状态，都在不停地发展和变化，运动和变化是系统的生命。

就体育资源管理而言，体育资源系统也是一个运动着的有机体。体育资源的分配与使用、分布与构成、利用与消耗等都是变化着的动态过程。这就要研究体育资源的时间布局，掌握时间布局的一般规律，按照体育资源发展与时间布局的关系来安排各种资源的发展、开发和利用。

（二）战略性原则

战略是以未来为主导，从宏观上实现组织总体目标的长期性谋划或对策，如全民健身战略、奥运争光战略等。战略的基本特征是全局性、长远性和相对稳定性。体育资源管理也应遵循战略性原则，对其实施战略管理。

1. 正确处理体育资源与体育人口环境的关系

随着我国生产力的飞速发展和科学技术的进步，人们的生活水平不断提高，对体育的需求也在不断攀升，体育人口的不断增加，也使人们对体育资源的需求不断提升。由于对体育物资需求的不断扩大，体育基础设施的建设与生态环境之间的矛盾也日趋显现出来。这就构成了不断扩大的体育需求与有限的体育资源之间的矛盾，体育资源问题已经同人口问题、环境问题联系在一起，成为当今体育资源管理的核心问题。因此，我们应该从战略的高度来研究对体育资源的合理开发、利用与管理，努力处理好三者之关系。

2. 立足现在，着眼未来

人类社会总是要不断地向前发展的，而社会的发展要求资源的开发、利用与资源的保护要互相制约，只开发不保护的后果是灾难性的。体育资源管理也必须要重视对资源的保护，减少资源的浪费，降低资源的消耗，使有限的体育资源发挥出最大的效能。同时还要加强科学研究，开发一些新的资源以替代那些不可再生的资源，努力做到开源节流，而不能只顾眼前不顾长远，要立足现在，着眼未来，保障体育事业的可持续发展。

（三）效益性原则

资源管理的核心问题就是效益，追求效益的不断提高是一切管理活动的出发点和归宿。效益是有效的产出与其投入之间的一种比例关系，可分为社会效益和经济效益，两者既有区别又有联系。经济效益是社会效益的基础，社会效益是促进经济效益提高的重要保障。体育资源管理同其他管理一样，最终目的也是追求效益，而且追求的是长期稳定的高效益。只有注重对体育资源的管理，强调体育资源的使用效益，才能为体育事业的发展提供坚实的保障，从而确保体育事业经济效益与社会效益的双丰收。

第三节　体育资源的研究意义

一、研究体育资源的意义

受经济发展、社会状况等因素的影响，我国现阶段各种体育资源还较为欠缺。从资源配置的角度，研究全国乃至各个地区体育资源的现状和发展状况，对体育资源及其相关延伸问题的研究具有较大的理论和实践意义。

（一）有利于国民健康发展模式转变

新经济时代的到来，催生了对国民健康的崭新要求，作为大众体育运动发展的必要条件，获取、整合、分配、处理和应用一国体育资源能力的强弱，直接影响甚至决定相关体育运动开展水平的提升。近年来，随着我国体育投入的不断增加，体育运动的开展日趋活跃，高校体育资源呈现指数级的增长，新的体育资源来源和种类在不断增加，体育资源积累的速度在加快。要适应新经济时代的要求，就必须从我国的客观实际情况出发，全面系统分析我国相关体育资源管理与利用现状，提高我国当前体育资源配置和利用水平。

（二）为政府开展体育公共服务提供理论基础

公共体育资源的利用作为一项战略性、基础性工作，是政府开展体育公共服务的重要举措。由国家各级体育主管部门共同推动的全民健康体育运动就是开展体育资源的利用、提升体育资源的利用效率的重要载体。同时，在各级体育部门的引导和带动下，各地方也通过制定的地方健身法规来推动区域体育资源的利用。在现行体制机制下，体育资源利用相关工作主要由各级政府主导，政府对体育资源利用的宏观协调是否有力、政策引导是否充分都会直接影响体育资源的配置与利用水平的高低。因此，体育资源理论的研究成果将会对促进相关体育资源开放共享、提高体育资源利用效率具有极大的理论和实践价值。

（三）有利于体育资源优化配置

长期以来，由于条块分割、多条管理等问题，我国体育资源配置存在重复、分散、封闭、低效等现象。因此，通过对体育资源理论研究的探索，有助于整合体育资源利用水平，提高体育资源利用效率，避免重复投入建设，优化体育资源配置，引导建立起跨部门、跨区域、多层次的资源整合与共享体系，从而有效降低全社会的创新创业成本和风险。同时，对体育资源理论研究的成果也有助于引导各地体育部门更好地利用财政资金和社会资金，提高资金使用效益。

二、研究体育资源管理的意义

（一）体育可持续发展的客观要求

体育运动与有限的体育资源之间的矛盾日益突出，体育运动的开展对体育资源的需求的突出和体育资源的巨大浪费并存，前者是全民参加体育健身引发的体育资源缺乏，如公共体育场馆设施的缺乏、社会指导员的稀少等。后者则是体育资源丰富但却未得到合理利用造成的体育资源浪费，某些大型体育赛事的基础设施由于计划管理不周造成环境污染、生态破坏，赛后体育设施的大量闲置造成的资源浪费，等等。这些矛盾限制了体育运动的发展，因此，我们需要寻求一条发展体育运动与合理使用有限体育资源的可持续发展之路，既可以满足人们健身的体育需求、又不会对体育事业的发展构成危害。

（二）转变体育经济的增长方式

目前，我国体育经济的增长方式正在从粗放型向集约型转变，这是我国经济体制改革不断深入的结果。这种增长方式的转变既有利于节约体育资源、降低资源消耗，又有利于形成体育市场的公平竞争和体育资源优化配置的经济运行机制。对于体育企业而言，体育经济增长方式的转变，就是要从高投入、高消耗、低产出、低质量和低效益向低投入、低消耗、高产出、高质量和高效益转变，从浪费资源向节约资源转变。一般而言，降低产品的成本，就能提高体育产业的经济效益，这也就要求必须加强对体育资源的管理。

第二章　体育人力资源

在体育资源中，体育人力资源是一项十分重要的组成部分，因此本章将从资源获取、资源配置、资源激励、资源绩效管理、资源培育、资源保留这六个方面对体育人力资源进行详细的论述。

第一节　资源获取

一、体育人力资源获取系统的构成

体育人力资源的获取过程中，主要涉及四个要素，即招聘人员、内外部环境、应聘人员、获取中介。这四个要素共同构成了体育人力资源获取系统（图 2-1-1）。

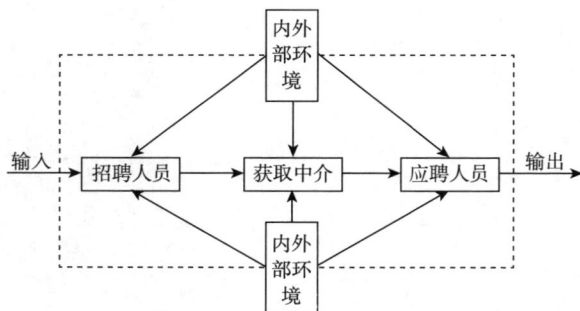

图 2-1-1　体育人力资源获取系统

二、体育人力资源获取过程

（一）体育人力资源获取的基本程序

同其他人力资源获取一样，体育人力资源的获取也会经历一个流程，其基本的程序主要包括四个，依次是招聘决策、发布信息、人员的选拔与评价、人事决策[①]。

1. 招聘决策

所谓的招聘决策，指的就是一个单位对于一些工作岗位进行招聘的决定过程，通常起决策作用的是单位的管理层。

（1）招聘决策的步骤

①招聘需求的提出

招聘需求一般是需要增加人员部门的负责人提出，当一个部门负责人向人事部门提出招聘需求的时候，要详细地向人事部门告知需要增加人员的数量、岗位、工作职责以及任职资格，并且要向人事部门说明理由。通常情况下，并不是需要增加人员的部门向人事部门提出招聘需求之后，人事部门就会马上着手人员招聘工作。这是因为每个单位都会根据自身一定时期的实际情况制订人员预算，任何部门的招聘需求，通常都要求在单位的人员预算控制之下，但是这也不是绝对的。比如，由于实际工作的需要或者业务的变化而造成人员需求，这种情况下，就需要用人部门和人事部门根据实际情况灵活做出决定了。

②识别招聘需求

当用人部门提出招聘需求时，人事部门的招聘负责人首先需要对招聘需求进行分析和判断。其分析和判断常常围绕着以下几个问题：第一，是否真的需要招聘。这主要基于"职位空缺或人手不够不一定非要招聘新人"

---

① 胡君辰，郑绍濂.人力资源开发与管理 [M].上海：复旦大学出版社，1999：62-65.

这一理念。因为职位空缺或人手不够可以通过现有人员的加班、工作的重新设计、工作外包、调配其他部门的人员等等。第二，是否真的需要招聘这么多人，减少一点人行吗？在对以上问题进行考查后，要写出复核意见。

③招聘需求决定

并不是只有单位领导会议才能决定招聘需求，实际上根据不同的情况，经管部门的负责人也可以决定招聘需求，但是无论谁决定招聘需求，都要注意申请和复核意见，并且在此基础上进行决定。

（2）招聘决策的主要内容

①招聘岗位、招聘人员数量、岗位要求。

②招聘信息发布时间、招聘信息发布的渠道。

③委托哪个部门进行招聘测试？

④招聘预算。

⑤招聘结束时间。

⑥新进员工到位时间。

2. 发布信息

把招聘信息发送给应聘人群的过程就是发布信息的过程。其实，发布招聘信息从某种意义上讲，就是选择招聘渠道和方法。

（1）发布信息应遵循的原则

总的来讲，发布信息应该遵循的原则是所有岗位在对外公布之前，都应该先在内部进行公布，在内部员工没有应聘或者推荐的情况下，再考虑对外招聘。

招聘信息的发布除了要坚持上述总的原则之外，还要坚持一些具体的原则，如面广原则、及时原则、层次原则。第一，面广原则。众所周知，当信息发布的面越广，那么接收到信息的人就会越多，因此面广原则就是扩大信息发布的面，从而尽快为单位招聘到合适的人才。第二，及时原则。在决定招聘之后，要尽早发布招聘信息，这样能够加快招聘的进程，也能使更多的人看到招聘信息，增加应聘人数。第三，层次原则。由于社会上的人才都是处于不同的层次，因此在发布招聘信息的时候，要根据岗位的特点向特定层次的人群发布信息。

（2）发布信息的渠道

就目前而言，发布招聘信息的渠道多种多样，除了报纸、杂志、电台、布告等，还包括电视、网站、新闻发布会以及一些专门的招聘软件平台等。

3. 人员的选拔与评价

这一步又为简历筛选和招聘测试两步。

（1）简历筛选

发布了招聘信息后，通常可以获得比实际所需任职者人数多的职位候选人，这时就需要对候选人进行初步筛选。简历筛选过程需要招聘负责人和用人部门负责人共同参加。由于应聘者的简历往往是各式各样、五花八门，为了便于管理，可以使用标准化的简历模板或应聘申请表。使用应聘申请表有以下优点：①可以控制申请者提供的信息内容，一方面保证完整地提供用人单位所需要的信息，另一方面避免了不必要的信息；②使不同应聘者之间的比较更加容易；③方便简历的管理，如有利于对应聘者的情况进行分类、排序、搜索等。

（2）招聘测试

招聘测试是指在招聘过程中，运用各种方法对应聘者加以客观鉴定的各种方法的总称。人员招聘测试的种类很多，在体育人力资源的招聘中，常用的有以下五种。

①纸笔测验。是一种了解应聘者知识广度、知识深度、知识结构以及招聘岗位必须具备的基础知识与专业知识的一种方法。一般在招聘初期进行，成绩合格者才能继续参加下一轮的测试。这是成本较低的一种测评手段。

②专业技能测试。专业技能是从事某种职位工作必不可少的。由于运

动项目的不同，专业技能测试的内容也有所不同。如田径教学、训练技能测试，其内容可围绕短跑、中长跑、跨栏跑、跳高、跳远、三级跳远、撑杆跳高、推铅球、掷铁饼、掷标枪、掷链球等内容进行。又如体操教学、训练技能测试，其内容可围绕技巧——滚翻、手翻类、综合类；单杠——屈伸类、回环类、悬垂类；双杠——支撑类、屈伸类、回环类；跳跃——一般跳跃、支撑跳跃；高低杠——摆动、回环、屈伸；平衡木——走、跑、跳、平衡、滚翻、姿态组合；女子自由体操——跳跃、转体、走、跑、平衡、波浪、技巧翻腾等内容进行；排球教学、训练技能可围绕传球、垫球、发球、扣球、拦网等内容进行。

③面试。面试是招聘者通过与应聘者交谈，了解应聘者业务知识水平、外在形象、工作经验、求职动机、事业心、工作态度、表达能力、反应能力、自我控制能力、人际交往倾向与技巧、精力与活力、个人修养、逻辑思维等的测评方法。

面试是最为普遍的一种选拔测评方法。由于面试方法具有方便、容易操作、不需要额外的资料设备等特点而深受喜爱。几乎所有的人员选拔过程中都会使用面试，而且还常常在一个招聘选拔程序中不止一次地使用。

④心理测试。心理测试是运用心理测量技术了解应聘者智力水平和个性特征的一种方法。

⑤情景模拟。情景模拟指的是为应聘者创建与其所竞聘的岗位相关的、模拟现实中该职位的情况的场景，让应聘者在这个逼真的场景中进行相应的工作，并解决可能遇到的问题，然后根据应聘者的表现对其心理素质和潜在能力进行测评的一系列方法。

4. 人事决策

关于人事决策的定义，有着广义和狭义的区分。从广义上来讲，人事决策指的是体育人力资源在开发与管理方面的决策。因此广义的人事决策主要包括员工培训决策、岗位定员决策、岗位定额决策、职务分类决策、工资报酬决策、人事任免决策、劳动保护决策等。从狭义层面来讲，人事决策就是人事的任免决策，也就是说，安排哪个人去从事哪个岗位。

在人事决策阶段的主要任务就是综合分析和评价应聘者的信息之后，确定所有在此阶段的应聘者的素质和能力特点，将对应聘者的评价与招聘岗位的录用人员标准或者既定工作标准进行对比，从而选出合适的应聘者。决定应聘者是否被录用，一般是由招聘过程中的主要管理人员共同商议的结果。具体来讲，人事决策的过程，主要可以通过以下两种方式。

（1）数据资料综合研究会议法。参会人员为原则上要求承担收集有关求职者信息的所有人员。与会人员通过讨论，对每位求职者在每一目标维度的行为表现得出一致的评价意见；根据对每位求职者在各个目标维度的行为表现综合评价，勾画出每位求职者的总体状况；将对每位求职者的综合评价结果与特定的工作要求或录用标准相比较，做出最后的录用决策[①]。

（2）综合评价表法。为提高决策效率，可先设计一张评价表，在表中罗列出某一岗位的所有维度，供评价人员打分，然后在人事评价会上集中讨论，得出综合评分。（表 2-1-1）

表 2-1-1　体育人力资源招聘中人事决策综合评价表

应聘人员编号：姓名：应聘岗位：		
测评维度	综合成绩	评价
心理测试		
纸笔测验		
专业技能测验		
面试		
情景模拟		

① 何娟.人力资源管理 [M].天津：天津大学出版社，2000：95.

（二）体育人力资源获取中的测试

1.面试

所谓面试，就是单位在特定的时间以及特定的地点，邀约应聘者进行的程序化的谈话，并且这个程序化的谈话是预先精心设计好的，目的是了解应聘者的情况，进行人员甄别，为单位选拔合适的优秀人才。通常情况下，面试的过程中，面试者与应聘者进行面对面的谈话，面试者会观察应聘者在交谈中状态，并且对应聘者的一些基本情况进行了解，基本情况包括应聘者的外貌风度、求职动机、工作经验、业务知识水平、反应能力、个人修养、表达能力以及逻辑性思维等。因此，面试其实一种人员甄选和测评的技术，通过这项技术为单位选择所需的人才。

在人员招聘中，面试是一种最常见的招聘人才的方法。然而，也是存在争议比较多的一种方法。因为面试这种方法存在不确定性，有时候能够取得良好的效果，有时候却没有任何效果。在面试的过程中，面试者和应聘者之间通常都是面对面口头交流，面试的效度主要由面试者的面试经验和水平决定。因此，为了使面试有效，必须对面试者进行专门的训练，提高其面试水平，并使面试按照一定的程序规则进行。

（1）面试的意义

面试在体育人力资源招聘中具有重要意义，主要表现在：第一，面对面的交谈，可以随时解决各种疑问，而申请表无法做到这一点；第二，可以更好地了解到应聘者，如仪表风度、控制能力、个人修养、行为举止等；第三，给双方提供了了解工作信息、单位情况以及应聘者的机会。

（2）面试内容

一般来讲，面试的重点内容有以下几个方面：

第一，观察应聘者的仪表风度。第二，了解应聘者的求职动机和工作期望。这一点在面试中非常重要，但是一般来说，应聘者会掩盖自己真实的想法，面试者想要了解这两个方面比较困难，但是也不是不能了解，比如可以从应聘者的离职原因、求职目的等方面进行综合分析。第三，了解应聘者的专业知识和技术。这一点也是十分重要的，决定着应聘者的专业能力方面能否胜任招聘单位提供的岗位。第四，了解应聘者的工作经验。这也是面试中的重点。从这一项中可以分析应聘者具备的实践经验，以及对于工作的责任心、工作中的思维能力以及主动精神等。第五，了解应聘者是否具有事业心。这里说的事业心包括应聘者是否具有抱负、成就需要等。第六，判断应聘者的语言表达能力。第七，了解应聘者的综合分析能力。这一点可以通过利用一则案例进行测试。第八，应聘者的反应能力。反应能力就是指应聘者面对面试者的问题，能不能及时、准确地做出回答，并且回答得简练、贴切。这是判断应聘者在将来工作中是否具有准确理解上级指示，并且恰当地处理突发事件的能力。第九，了解应聘者的自我控制能力。主要是指应聘者在面对不利状态时能否进行自我克制、忍耐，并且进行理智的对待。第十，了解应聘者人际交往倾向及是否具备与人相处技巧。第十一，了解应聘者的精力和活力。比如，面试者可以询问应聘者欢什么运动、运动量多大，从而判断出应聘者在日常中是否性格开朗、充满活力。第十二，了解因应聘者的兴趣与爱好。

（3）面试程序设计

①面试的准备。

②面试的实施。面试开始时，面试者要努力创造一种轻松的面谈气氛，解除应聘者的紧张和顾虑。常用的方法是寒暄、问候、微笑、放松的姿势，也可先让对方简要介绍一下自己的情况，面试者应注意观察和倾听。

③面试结果的处理。这是面试的最后一步。在这一阶段，考官应该仔细检查面试记录的所有要点，以免过早下结论和强调应聘者的负面资料，而是根据每位考官的评价结果对应聘者的面试表现进行综合的分析与评

价，对应聘者形成总体看法，做出正确评价，以决定是否录用。

2. 心理测试

虽然面试可以使面试者有机会直观地了解应聘者的外表，举止、表达与社会交往能力，以及某些气质和对人的态度等，但却很难了解应聘者的诚实、可靠、坚强等内在个性，同时也难以了解应聘者实际的工作能力。而心理测试在一定程度上弥补了面试的缺陷，在选拔体育人力资源时起到辅助的作用。

（1）心理测试的源起与意义

在心理学上，进行个别差异研究时产生了心理测试。在心理测试产生的早期，主要用途是对个体进行智力测试，最常见的就是对于低能儿童的鉴别。心理测试首次应用于成人是在第二次世界大战的时候，美国利用智力测试来帮助挑选士兵。后来，心理测试被逐渐用于军队官员的选拔和安置上。第二次世界大战以后，美国又开始将心理测试在服务业中应用。从此引发了职业测验潮流，众多企业纷纷开始将心理测试应用到人力资源管理上。

伴随着社会化大生产的发展，社会分工越来越细，工作类型增多的同时，对人的素质也提出了不同的要求。工作本身对人的素质和心理适应性提出了更高的要求。在这样的情况下，人员与工作匹配度显得越来越重要。随着人类社会的发展，经济、文化都有了进一步的发展，快节奏的生活、工作状态下，人与人之间的关系发生了微妙的变化，即越来越表面化、快捷化。限于人与人之间表面化的交际，以及快速的接触，根本无法正确地了解一个人，在这样的情况下，面试者仅仅依靠自己的个人经验根本无法对应聘者的心理素质有一个科学的评估。这时候心理测试可以帮助面试者做出更为科学和准确的决策。通过心理测试，可以了解个体的兴趣、人格、技能等，为实现人才的合理安置提供信息。

（2）心理测试的定义

心理测试是一种用来测量应聘者智力和个性方面差异的方法，由于在测量过程中，主要是通过一系列的心理学计算方法，因此具有一定的科学性。

（3）心理测试的主要类型

按照心理测试的内容，可以将心理测试分为三种：第一，智力测验。人类学习和适应环境的能力就是智力，主要包括观察能力、想象能力、记忆能力、思维能力等。第二，能力倾向测验。在招聘选拔中使用的能力测验多为能力倾向测验。强调对能力各个方面的测量，其测量结果不是一个IQ 分数，而是被测者分别在各种能力上的得分。在招聘选拔中经常测量的一些能力倾向主要有：言语理解能力、数量关系能力、逻辑推理能力和综合分析能力。第三，个性测验。个性同智力一样，也是人员招聘中一个重要的测试方面。由于个性是由多方面内容组成的，通过一次测试或者一种测试，就把人的所有个性都了解清楚是不可能的。因此，往往采取运用一种测试手段来了解一个人个性的一个方面。比如需要、动机、兴趣、爱好、情感、气质、性格、价值观等，可以分别进行测试了解，以准确、全面地了解一个人的整体个性。在招聘中通过个性测验，了解一个人个性的某一方面，再结合他的其他指标，来考虑他适合担任哪些工作。

第二节　资源配置

一、体育人力资源配置的含义

体育人力资源的配置是指体育人力资源在地区、部门及各种不同使用方向上的分配，并按照一定的经济或产出目标，在体育经营与生产过程中实现人、财、物、时间、信息等诸要素的有机结合与充分发挥，以获得最大产出和最佳效率的动态进程。

体育人力资源的配置包括三个层次：宏观层次的体育人力资源配置、微观层次的体育人力资源配置和个体体育人力资源配置。

宏观层次的体育人力资源配置是指体育人力资源在不同地区、不同部门间的分配，它要求体育人力资源能够有效地配置在最适宜的使用方向上。

微观层次的体育人力资源配置则指在体育人力资源分配既定的条件下，某个地区、某个部门如何组织利用这些资源，使之发挥尽可能大的作用，它具体发生在微观单位，由资源供求双方的行为共同完成。

个体体育人力资源配置是体育人力资源选择自己的工作岗位的主动行为，它是体育人力资源自我选择性的体现。对于个人来说，工作岗位包括工作单位和所在的职业岗位两个方面。人们在求职时谋求"好工作"，即寻找高收入、条件好的职业，寻求有发展机会和前途的工作单位，从而使自己在市场中获得最佳位置。在现行工作单位不尽如人意的时候，或者在社会上有更好职业机会的情况下，体育人力资源就要进行职业流动。

体育人力资源的配置包括初配置和再配置。体育人力资源的初配置是指体育人力资源在地区、部门及不同使用方向上分布的初始状况，主要是将新增的体育人力资源投入到这些地区、部门及使用方向上。体育人力资源的再配置是指在初配置的基础上，通过体育人力资源要素在地区、部门及使用方向上的流动，达到体育人力资源新的分布格局。在体育人力资源初配置中主要是存量问题，即有多少体育人力资源分配到各地区、部门及使用方向上。而在体育人力资源再配置中主要是流量问题，即通过体育人力资源的流动达到再配置的有效性和合理性。

体育人力资源的配置有合理配置与误配置两种基本结局。体育人力资源的合理配置应当是搭配合理，各得其所，人尽其力，人尽其才。而体育人力资源组合失当，或处于闲置状态或被浪费情况，则称为体育人力资源的误配置。

体育人力资源配置的主体包括体育人力资源、用人单位和国家。体育人力资源是体育劳动市场运行的主体，是向体育生产劳动市场供给体育劳动的充满生机和活力的最基本的活动细胞。体育人力资源要进入体育劳动市场必须具备两个条件：具有一定的体育劳动能力、能向社会提供体育劳动能力。用人单位也是体育劳动市场运行的主体。是向体育劳动市场需求体育劳动的充满生机和活力的最基本的经济细胞。体育人力资源与用人单位结合，其实质就是体育人力资源与其他生产要素结合。用人单位进行体育劳动市场必须具备四个条件：有实际的体育劳动需求、能够选用体育人力资源、有对体育劳动的支付能力、用人能产生相应的效益。国家（即政府）在计划配置体育人力资源模式下是体育劳动市场运行的主体，在市场配置体育人力资源模式下是宏观调控的主体。

体育人力资源配置的客体是指体育人力资源的劳动能力，是体育人力资源智力和体力的总和，具有价值和使用价值。体育人力资源配置客体载于体育人力资源身上，离开了劳动者，体育人力资源配置客体也就不存在了。所以，体育人力资源配置客体受制于运行主体体育人力资源。但同时，由于体育劳动市场需求的是体育人力资源配置客体，即劳动能力，因而运行主体体育人力资源的宏观活动又受制于运行客体劳动能力。

二、体育人力资源配置的内容

（一）地区配置

一般来讲，一个地区在进行人力资源地区配制的时候，会充分考虑当地体育人口和体育人才资源现状，另外还会充分考虑当地体育发展规划，通过对这两项的考虑，并以此为依据，利用体育人才资源政策的调节进行地区间的体育人才的迁移，以实现体育人才资源的地区配制。值得注意的是，体育人才资源的地区配制数量，要根据当地体育发展情况来决定，人才数量的配制不仅要能够促进当地体育的发展，还要能够有利于充分发挥当地的优势，使各地区均衡发展又各具特色。

（二）领域配置

当前，体育发展领域主要包括竞技体育领域、群众（大众）体育领域、学校体育领域和体育产业领域。体育人力资源的领域配置要以发展重点领域为主要目标，根据领域的联系，即投入—产出中各领域之间的关系进行综合平衡后予以确定。体育人力资源的领域配置应该从国情和我国体育发展出发，把握追加体育人力资源的投向，保证经济重点发展领域的体育人力资源供给，并兼顾一般。规划好领域间的体育人力资源规模、比例、结构，使体育人力资源的领域配置获得最佳效益。

（三）职业配置

在体育人力资源中，职业配置极为重要。从体育人力资源质的规定性看，差异主要体现在两个方面：一是水平高低，二是职业类型。进行体育人力资源职业配置时，首先应从层级和职业类别上进行区分；其次，为实现优化组合，按照层级和职业类别将体育人才分配到不同的职业岗位。同时需要考虑在可能的条件下进行职业代替，弥补某些职业的不足的情况。总的来说，实现人力资源职业合理配置的主要方法是科学预测职业需求。在此基础上，合理组织各级各类教育计划，适时适度培养各类体育人才，满足各专业岗位需求。

（四）运动项目配置

体育是由众多运动项目构成的，体育人力资源的配置理应包括运动项目的人力资源配置。在运动项目人力资源配置上，应注意梯队合理，这里包括年龄结构，职称结构，一、二、三线人员结构等。既要避免某一运动项目人才过分集中，又要避免某一运动项目人才严重匮乏。

三、体育人力资源配置的目标

（一）总体目标

以市场为基础性手段，把有限的体育人力资源配置到效益最好的环节中去，从而最大限度地满足社会需求。

（二）具体目标

体育处资源配置的具体目标是有层次的，包括微观目标、中观目标、宏观目标。微观目标：充分调动体育人力资源的工作积极性、主动性、创造性，增加其活力，提高其效率，达到适才适位、人尽其才、人尽其力，实现其价值。中观目标：引导体育人力资源在地区、部门及使用方向上正确地进行选择决策，优化体育人力资源与地区、部门及使用方向间的配置，使之搭配合理。发挥体育人力资源配置的组合优势，形成现实的社会生产力。宏观目标：实现体育人力资源社会生产总量与社会使用总量的基本平衡，体育人力资源社会生产结构与社会需求结构的吻合。

四、体育人力资源配置的原则

（一）适才适位原则

从体育人力资源配置的微观目标来考查，要提高体育人力资源工作积极性、提高其工作效率，首先要使体育人力资源的才能与工作岗位相适应。才能高于岗位要求，大材小用，会造成人才浪费；才能低于岗位要求，小材大用，会造成损失。只有人才安排到合适的岗位上，才会产生比较高的效率。这无论是对体育人力资源，还是对用人单位都是非常必要的，而且是必须的。

（二）优化结构原则

进行体育人力资源配置，调节各地区、各部门的体育人力资源，并将追加的体育人力资源投放到不同的方向，以便形成一种良性的体育人力资源使用结构。

实践证明，单一的工作队伍结构，思路不开阔，视野狭窄，不利于活跃工作气氛，不利于活跃学术氛围，不利于交叉和综合工作的开展；知识老化的工作队伍结构，不利于培养符合现代社会发展要求的体育人才；年龄结构不优化的工作队伍，容易造成体育人才队伍的断层和真空，不利于体育工作的可持续发展。只有优化了结构的工作队伍，才会形成组合优势，才会形成高创造性和高效率。因此，在体育人力资源配置过程中要本着优化结构的原则去进行，而不是本着"近亲繁殖""照顾关系""小圈子"等原则去进行体育人力资源的配置。

（三）动态原则

体育人力资源配置并不是一蹴而就的。随着时代的发展、社会的进步，特别是随着知识更新步伐的加快，新兴学科和交叉学科的出现，原来较为合理的配置变得不合理了，原来较为优化的结构变得不优化了。这时就需要进行再配置。此外，随着体育体制改革的不断深入和社会对体育人才需求的不断变化，岗位要求可能会提高，也可能会产生一些新岗位，这时原来的体育人才队伍可能不适应这些岗位的要求，这时也需要对体育人力资源进行再配置。由此看出，体育人力资源配置应坚持动态原则，随着时代、社会、人的知识、能力的不断发展而动态变化。

（四）充分就业原则

要想了解充分就业原则，首先要了解充分就业的含义，它不仅是一个经济目标还是一个社会目标，也是在当今不同经济体制下、不同经济水平的国家的共同追求的目标。

充分就业可以从宏观和微观两个方面进行分析。第一，站在宏观经济学原理的角度来看，充分就业指的就是人力资源的供给与社会需求之间基本上能够持平。也就是说，社会上有劳动能力且有就业需求的人口，在社会劳动岗位上都能找到自己的一席之地。然而，众所周知，经济活动本身就存在着复杂性和多变性，因而就业现象在经济的影响下也呈现出多样性，这对充分就业造成了一定的困难。就微观层次而言，生产的边际效益往往是影响用人单位决定人力资源需求的重要因素，因此，在资金投入固定的情况下，用人单位人力资源的需求总是有限的。同时由于普遍意义上的人力资源供给的无限弹性，又使充分就业只能成为一种相对的概念。因此，在实际中的充分就业往往是较难完全实现的。

需要注意的是，当充分就业实现时，并不是说，失业现象就没有了，在实际情况中，可能会由于各种原因会导致人们失业，比如摩擦性失业、自然性失业等，这些情况与充分就业之间不存在冲突关系，是可以并存的。体育人力资源配置主要的途径是体育人力资源供求关系的调节。人力资源供求之间的矛盾是普遍存在的，必然导致一部分人力资源在流通过程中沉淀下来，形成失业。失业是价值规律调节人力资源供求关系的结果，是人力资源市场活动中竞争机制、价格机制等得以发挥的必要条件。但失业的危害性，又要求政府通过各种必要手段，把它控制在一定程度之内。一般情况下，如果说从全社会角度来看，人力资源供需平衡，或者说供不应求，那么这种情况下，就比较容易实现充分就业；相反，如果对于全社会而言，人力资源供大于求，那么充分就业就不容易实现。在无法实现充分就业的时候，就需要通过各种措施平衡人力资源的供需，比如对人力资源的供求关系进行调控，进一步扩大需求的同时减少供应，提高就业率。当然，在现实中，有时候人力资源的供需关系在经过调控后，还是无法达到平衡，这个时候，无法就业人员的生活来源，就必须从社会保障费用中取得。这是因为从经济学的原理出发，社会就业总人数只能达到经济总产值不继续下降的劳动力边际投入数量。但是在客观操作中，由于考虑到社会效益，有时可能还需要适量减少经济总产值，进一步投入劳动力，以提高就业率，保持社会稳定[①]。

（五）合理使用原则

从经济学角度出发，人力资源的合理使用指的是人力资源的投入能够实现最高的产生出率，经济在投入方向和配置上都比较合理。除此之外，还包括社会更广泛方面的协调关系。比如经济产出与社会安定、生产效率与分配公平、社会劳动与家务劳动等诸多关系的协调发展。然而，经济效益在大部分情况下是显性的、直接的，因此比较容易展现出来；而社会效益在大多数情况下是隐性的、非直接的，只有通过一定的形式才能展现出来。也正是因为如此，要正确地理解和把握人力资源使用的合理性问题。因此，要合理协调人力资源使用在宏观和微观上的要求，与此同时还要争取最大限度地实现经济效益和社会效益相结合。

人力资源的合理使用在于最大限度地提高人力资源的劳动投入产出率。为此，必须进行人力资源与物质资源的有效结合及科学管理与运营，尽量做到对各类人力资源的有效利用，用其所长，适人适用。针对各种不同工作岗位对任职者能力要求的差别，在人力资源的安排使用上，尽可能地将每一个人放到最适宜发挥其才智和潜能的岗位上去，最大限度地发挥

---

① 梁裕楷，袁兆亿，陈天祥.人力资源开发与管理[M].广州：中山大学出版社，1999：302-304.

个人专长，调动每个劳动者的积极性和创造性[①]。

（六）提高效率原则

经济学中的一项重要原则就是提高效率。通常情况下，在实际经济运行中难免存在资源利用不充分的情况，为了改善这种问题，经济学中提出了提高效率原则。由于在经济运行中，人力资源在其中占据着特殊且又重要的地位，所以，对于经济发展来说，提高人力资源的使用效率至关重要。体育人力资源作为人力资源的一种形式，也存在提高效率的问题。

五、体育人力资源配置的规律

体育人力资源配置符合"边际效益递减律"。在这里，我们遇见一个新的概念——人力资源的边际效益。经济活动中有着许多经济实体，向这些经济实体进行新的人力资源的投入，所获得的收益就是人力资源的边际效益，其计算公式是：人力资源的边际效益＝产出值－投入值。根据"享乐递减法则"，可以归纳出以下结论：当增加经济活动中经济实体的人力资源投入的时候，会使得边际效益发生递减现象。具体来讲，就是经济活动中存在一些典型的人力资源稀缺的经济实体，当向这个经济实体做出人力资源投入后，这个经济实体的人力资源投入边际效益将会表现出以下三种个阶段：第一阶段是经济实体的人力资源需求比较大的时候，进行人力资源的投入，则会使其人力资源投入的边际效益出现明显的递增趋势。第二阶段是当经济实体的人力资源配置趋向饱和的状态时，进行人力资源的投入，则会使其人力资源投入的边际效益逐渐下降，一直到成为零。第三阶段就是当当经济实体的人力资源配置过剩的时候，进行人力资源的投入，则会使其人力资源投入的边际效益从零直接出现负增长的态势。

---

① 　梁裕楷，袁兆亿，陈天祥.人力资源开发与管理[M].广州：中山大学出版社，1999：302-304.

第三节　资源激励

一、体育人力资源激励的含义

所谓体育人力资源激励，就是对体育人才进行激励，从而使之更加积极地参与工作。而事实上也就是如此，通过各种有效的激励手段，将体育人力资源的需要、动机、欲望等激发出来，引导和强化体育人才与组织目标相切合的行为，使体育人才在实际工作中能够发挥自己的潜能，以高昂的情绪和持续的积极状态开展工作。

站在心理学的角度来看，要想实现体育人力资源的激励，从本质上讲，就要将三类变量之间的关系处理好，这三类变量分别是刺激变量、主体内在变量以及主体反应变量。第一，刺激变量，指的就是能够影响人体反应的刺激性条件，包括可变与可控的自然与社会的环境刺激。从管理的角度来看，主要是指管理者设定的目标，以及在实施管理时的各种管理手段和措施。第二，主体的内在变量，指的就是能够影响主体反应的内部心理特征，如需求、动机、兴趣、性格等。第三，主体反应变量，指的就是刺激变量和主体的内在变量对主体行为的改变。人的行为刺激本质上是利用刺激变量不断激发主体的内在变量（需要、动机等），从而引发主体积极的行为反应。当目标实现时，又会反过来使刺激变量得到强化。如此循环往复，不断延续。

体育人力资源激励的实质是最大限度地使体育人力资源个体与组织目标相匹配，具体来说，就是通过一定的中介机制，调动体育人力资源的精神力量，使人力资源的开发利用更加具备能动性、积极性和创造性。从而使他们在劳动过程中发挥了应有的作用。总体而言，体育人力资源的激励表现为将外部世界施加的驱动力或吸引力转化成体育人力资源自身的动力，将组织目标与个人目标紧密联系起来，使体育人力资源个体由消极转为积极，也就是实现"要我做"到"我要做"的转变。

二、我国竞技体育人力资源的激励

在我国，对竞技体育人力资源的激励是紧紧围绕着奥运争光计划进行的。奥运争光计划的实施涉及运动员、教练员、队医、管理人员、科研人员等众多竞技体育人力资源和众多省、市、区，他们的积极性调动的好坏，直接关系到奥运争光计划目标完成情况的优劣。管理实践表明，良好的激励对调动人们的积极性有重要作用。因此从此层面上讲，研究奥运争光计划激励问题对奥运争光计划优质、高效的完成具有重要意义。

奥运争光计划的实施涉及众多省市，为调动他们的积极性，体育总局制定了一系列的激励措施。但通过奖牌的多少、运动成绩的排名（含奥运会部分成绩带入全运会）进行奖励作为调动人们积极性的手段有其局限性。因为它无法衡量一个省市为完成奥运争光计划所做出的努力程度。因此，仅通过此手段也就不可能最大限度地调动起人们的积极性。所以研究如何把奖牌（运动成绩）和努力程度有机结合起来进行奖励，作为调动人们积极性的手段就非常有意义。然而这方面的研究还很薄弱。

奖励是奥运争光计划激励机制的主体，但不是全部。惩罚也能起到激励效果。问题的关键在于如何建立既能激发人们的积极性，又不使人们过分恐慌的惩罚机制。另外，营造适度的竞争激励环境也能调动人们的积极性。目前这些方面的研究还不多见。

为此，下面将对上述问题进行初步探讨，以期为建立和健全奥运争光计划激励机制提供参考。

（一）我国实施奥运争光计划激励的原则

1.按需激励原则

按需激励原则就是根据竞技体育人力资源的需求进行激励。现代管理心理学研究表明，需要是人自发行为开始的原因，动机也是由需要引起的，人自身的各种复杂需要是人类行为最重要的驱动力。人们持续工作的原因是因为他们有永远无法满足的需要。从管理的角度来看，如果将人的工作行为由需要和欲望所产生的驱动力进行导向，那么这将成为个体工作动力的源泉。激励就是使人们的工作动机被激发，换句话说，就是激发人的工作积极性。因此，根据以上论述，我们可以得出这样的结论：无论是需要还是和激励，他们与工作积极性之间的关系是非常密切的。无论是研究人员研究激励，还是管理者实施激励，都必须立足人的需要，这是最根本的，这一点也同样适用于竞技体育人力资源。

2. 综合激励原则

竞技体育人力资源是一个多种复杂需要的复合体。这里说的多种复杂需要，既包括物质需要，又包括精神需要；既包括低层次的需要，如生理、归属、安全等，又包括高层次的需要，如对自尊的需要和对自我实现的需要。随着时代的发展，竞技体育人力资源的需要也不断发生变化，呈现出明显的综合性特征。从整个竞技体育人力资源的需要层次体系来看，各个层次需要之间是相互联系的，而且各层次需要共同组成一个有机整体，不能将任何需要和驱动因素视为孤立或分离的，每个驱动因素都与其他现有的驱动因素相关联，不管这个现有因素是得到了满足还是没有得到满足。在这种情况下，往往采用单一的激励手段是达不到预期的效果的。因此，有必要采用不同的手段和方法来满足竞技体育人力资源的不同需求。

3. 权变激励原则

所谓权变激励原则，就是运用权变策略来激励竞技体育人力资源，一旦需要得到满足，权变激励原则将不再发挥决策或组织的积极作用。根据马斯洛的说法，被满足的需要不再具有激励作用。事实上，竞技体育人力资源之间的需要不一定完全相同，竞技体育人力资源需要是处于不断变化中的。这表明在实施激励措施时不能总是采用单一的激励方式、激励内容，而是要适时改变激励方式和手段，在实际的实施过程中应根据竞技体育人力资源需要的变化采取适当的激励措施，这就是权变激励。

4. 适度激励原则

在对竞技体育人力资源进行激励的时候，不能毫无限度，而是要正确认识竞技体育人力资源的激励，把握好激励的强度大小。只有这样才不会诱发刺激，因为激励的强度不够，最终会无法达到激励的目的，但是如果激励的量和强度过大，那么实施者将无法承担。那么如果把握激励的量和强度呢？其原则就是，要使激励的量和强度既能够与竞技体育人力资源的期望值相符，又可以与单位承受值相符，因此，要想把握好激励的"度"，那么就要寻找竞技体育人力资源的期望值和单位承受值之间的平衡点。

5. 业绩激励原则

激励措施的实施，应围绕绩效指标的完成情况，从竞技体育人才绩效的提高和提升入手。激励的量也不可以随便制订，而是要根据竞技体育人力资源工作绩效的数量和质量来制订，在制订的过程中，还要以竞技体育人力资源绩效指标为标准。

6. 差距激励原则

在进行竞技体育人力资源激励的时候，要注意适当分级，在一定程度上体现竞技体育人力资源与竞技体育人力资源的不同工作绩效。差距激励原则就是在实施激励的时候拉开档次，不能太大也不能太小，可以在竞技体育人力资源期望值与单位承受值之间进行选择，切不可实行平均激励。

7. 惩罚激励原则

激励要不仅包括奖励，还要包括惩罚。惩罚激励原则要求对未能实现工作绩效目标的竞技体育人力资源进行适当的处罚，这样有助于实现工作绩效的提高和改善。

（二）我国实施奥运争光计划激励的对策

1. 拓宽激励资金来源渠道，加大激励力度

当前各类体育人力资源对物质奖励的期望值要远远高于所给予的，因此，如果加大物质奖励的力度，还能进一步提高这部分人的积极性。我们认为：在积极争取国家更多资金投入的同时，最主要的是调动起社会各方面的积极性，依靠他们对体育的投入来扩大奥运争光计划激励的资金来源。

（1）进一步调动企业介入体育奖励的积极性。自1992年巴塞罗那奥运会以后，企业介入体育奖励的数量激增。但由于更多的企业还没有完全认识到体育在宣传、广告等方面无可替代的重要作用，以及庆功会不提奖金，各界的捐赠也尽量不公布奖金的数目等原因，这些在一定程度上影响了企业奖励的积极性，以及更多的企业介入体育奖励。因此，要调动企业奖励的积极性就必须采取一系列的有效措施：通过电视、报纸等新闻媒体，加强宣传体育对企业发展的巨大推动作用，使更多的企业自觉地加入到体育奖励行列中来；提供减免税、用于体育奖励的资金不列入企业生产资本等优惠政策，调动其积极性。

（2）进一步提高居民体育消费水平，增强体育经济实力，抽取部分资金，用于体育奖励。随着人们生活水平的提高，人们的收入也在逐步提高，这也为进一步提高人们的体育消费水平提供了可能。为此，可通过发展体育用品市场、体育服务市场、体育健身娱乐市场，尤其是体育竞赛表演市场、体育博彩市场，从而筹集体育奖励资金。

2. 实施以奖牌（运动成绩）和努力程度相结合的奖励

以奖牌（运动成绩）——评比成绩作为评奖依据，操作简单、容易、客观，体现了一定的公平性和透明度。但是，由于体育比赛受到诸多不确定因素的影响，结果具有不确定性。很多时候，人们虽然付出了很多努力，但由于种种原因，得到的结果并不理想，如果完全按照结果来奖励，人们

可能对得到的奖励不满意，进而会影响其积极性。此外，在进行奖励的时候，仅以奖牌和体育成绩作为奖励依据，可能会导致很多部门和机构忽视体育后备人才的培养，从而影响体育事业的可持续发展。另外，我们还要考虑到一些体育实力薄弱的省市，不太可能在奥运会、世界杯、世锦赛上取得一些成就，因此也就不会受到奖励，这势必会影响他们的积极性。由此可见，如果只是因为奖牌和运动成绩好，就可以给予奖励是不公平的。

另外，以努力程度——过程评价为依据，进行奖励的话，也存在一定的弊端，这种方式操作起来较为复杂、费时费力，而且评价标准也就是运动成绩，其提高程度难以把握。具体来讲，就是通常情况下来说，成绩比较差的人，其经过努力后，有很大的上升空间，但是成绩比较好的人，无论如何努力，其成绩的提升都会有一个瓶颈，上升的幅度是有限的。因此，按照努力程度的大小给予奖励的方式存在不公平性。但是，这种方式也不是一无是处，还是存在一些优点的，比如可以调动和培养成绩相对较差的人的积极性；可以得到及时的反馈数据，及时调整体育管理系统的运营，奖励优秀的执行者的同时及时惩表现不好的执行者；调动人们积极性，通过阶段性目标考核，及时发现问题，总结经验，改进工作。

3. 明确和落实体育科研人员、队医、管理人员的奖励

一项运动成绩的产生，离不开运动员和教练员，但同时也离不开体育科研人员、队医和管理人员。研究结果表明，体育科研人员、队医和管理人员对奥运会专项运动成绩的贡献率为 22.57%～23.40%。尤其需要指出的是，当今体育的发展越来越离不开科学技术，而科学技术也全方位地介入和渗透到体育中来，为体育的发展提供了巨大的支持。因此，体育科技人员的作用会越来越重要，他们对体育的贡献率会越来越大。有贡献就应给予肯定、认可和鼓励，而奖励是肯定、认可和鼓励有贡献者的最好形式。

然而，目前对于他们的奖励还不十分到位，尤其是科研人员的奖励政策也不十分明确。这也在一定程度上影响了他们的工作积极性和科技队伍的稳定性。为使他们在奥运争光计划中发挥更大的作用，很有必要明确和落实体育科研人员、队医、管理人员的奖励。

4. 按体育人力资源的不同需求层次有针对性地进行激励

马斯洛的需要层次理论认为：人的需求按发生之先后可分为五个等级，当下一级需要基本满足后，上一级需要才能成为行为的驱动力，只有不断满足他们的需求层次，才能不断激发他们的动机，调动他们的积极性。同时，每个人都有自己的特殊需求，只有适合个人需求特点的激励，而不是千篇一律的奖励，才能最有效地激发起人们的积极性。

（1）生理需要层次

不同体育人力资源在这个层次上的需求内容基本上是相同的。奖金、住房、补贴等实物性奖励是这一层次的具体表现形式。奥运争光计划激励机制在这个层次上需要做的工作是提高奖励力度，并根据不同的人不同要求加以满足。但同时须注意两点：一是不同人对此层次的需求程度是不相同的，管理人员、科研人员、队医的需求程度要比运动员、教练员的需求程度要迫切；二是在现阶段，尤其是在市场经济条件下，做好这个层次的工作最能调动人的积极性。

（2）安全需要层次

在这个层次上，运动员、教练员的需求程度要比其他人员要迫切。这方面的需求内容主要表现为改善训练、比赛条件和环境；伤病的治愈，医疗设施、条件、环境的改善；人身保险；对运动员的适度开发和使用。

（3）爱与归属的需求层次

爱与归属的需求层次的内容基本上是指每个体育人力资源都想去爱别人，同时也需要别人的爱，而且体育人力资源属于一定的群体，在群体中主张互相帮助、互相爱护。这说明，体育主管和体育教练员在对下属提出严格要求时，需要投入情感，经常与他们交谈，了解他们的思维动态，积极解决他们的困难；此外，体育管理者和体育教练员可以使用集体目标和荣誉感来激励全体成员，激发他们的成就动机。

（4）尊重的需要层次

体育人力资源特别是运动员有强烈的自尊心，但由于体育竞赛的残酷性，他们有时也有一定的自卑感。他们在遇到挫折和困难的时候，也希望别人能够理解他们所做出的努力，受到人们尊重。这提示，同事、领导、朋友、家人特别是体育教练员和管理人员要保护自己下属的自重、自信、自爱，肯定、承认、奖励他们做出的努力。

（5）自我实现的需要层次

运动员和教练员为实现奥运会冠军的梦想，他们克服了常人所难以克服的困难，忘我地投身于艰苦的训练和比赛中，他们对成功后的喜悦、自己的理想和抱负实现远比成功而获得的报酬重视得多。这提示，对成功者的奖励是对人们所作贡献的认可，是调动人们积极性的一种手段，但它不是调动人们积极性的一种唯一手段。对人们的丰满人性的实现和个人潜能的实现的宣传、教育、鼓励，对人们理想、抱负的规划、承认、支持，他们在调动人们的积极性过程中所起的作用要远远比只给予奖励的所起的作用要大得多。

5.激发体育人力资源的内部动机

（1）满足运动员接受刺激、追求乐趣的需要

由于运动员长期从事某一项体育运动，特别是优秀运动员更是日复一日、年复一年地重复某一个或某几个运动技能，很容易感到枯燥、乏味，尤其是遇到运动技能长时间停滞不前或有所下降时，更是苦恼，甚至对自己的能力感到怀疑或失去信心。这时教练员可通过运动技能创新、改变教

学和训练的环境、保持训练和比赛的趣味性和启发性、让运动员感受到成功的体验等手段培养运动员的兴趣，激发他们的内在动机，调动起他们的积极性。

（2）为体育人力资源提供展示才能和自我价值的舞台

胜任感和成功感是体育运动中最普遍、最强烈的需求，自我价值感是体育人力资源最珍视和精心守护的道德资产。但现实生活中，并不是所有人都有展示自己的舞台，很多有潜力的体育人才仍旧没有施展才华的舞台，这使得他们对训练和工作的热情不高，郁郁寡欢。针对这种情况，我们可以动员每个人都积极参与训练，对于失败定向的运动员，重新定义其目标，竭尽所能帮助他们成功，让他们体验成功的愉悦感。另外还要招募尽可能多的参与者，并最大限度地关注所有研究课题。尽可能多地开展体育运动，为人力资源提供更广阔的施展才华的空间，从而调动他们的积极性。

（3）把精神激励做细、做活

由于受市场经济的影响，现在的许多运动员和五六十年代的运动员相比，更注重物质奖励，在与国外许多国家对运动员的奖励比较后，觉得自己牺牲的太多，得到的太少，自己这样做不值得。另外，还有一些运动员觉得该得到的已经得到了，就是再继续努力也不会有什么额外的回报，该为自己多想想了。于是或吃苦精神、拼搏精神减弱，或提早结束竞技生涯。诚然，随着时代的发展、社会的进步，人们的认识水平、价值观念等也在不断发生变化，讲究个人回报也是正常的。但在当前我国国情下，讲奉献、讲牺牲也是相当必要的，它是一个国家发展的重要支柱。在很大程度上讲，奥运争光计划的完成主要依靠它。从这个意义上说，在体育领域形成讲奉献、讲牺牲的风气是非常重要的。为此我们可通过在平时的训练和比赛中多讲述诸如中国女排、女足的事迹，主动解决运动员的后顾之忧，领导、教练员和管理人员率先讲奉献、讲牺牲，社会各界都来关心、支持、爱护运动员，在体育领域开展讲奉献、讲牺牲竞赛，紧密注意运动员的思想变化，及时进行正面教育，在训练和比赛中多激发运动员的成就动机等精神激励手段，把运动员的思想引到讲奉献、讲牺牲的轨道上来，调动起他们刻苦训练、努力拼搏、为国家多作贡献的积极性。

6.解决好奖励的期望值与奖励的"度"的控制问题

就目前而言，运动员、教练员、科研工作者等体育人力资源经常会将自己的获得的奖励与国外一些国家对运动员的奖励相比较，认为我们国家给予他们的奖励无论是在数量上还是在质量上，都无法使他们满足，达不到他们的期望值，因此这些体育人力资源的期望值问题如果能够得到解决，那么必将有助于激发他们的积极性，同时有助于我国体育人力资源队伍的稳定性。但是，在我国目前的国情下，虽然不能完全满足他们的期望，但维持现状也不利于发挥其积极性和主动性。因此，我们必须平衡期望值和奖励的"度"之间的关系。

（1）降低期望值

让运动员明白国外一些国家运动员培养体制（运动员培养实行俱乐部体制，运动员自己花钱请教练和添置设备，国家很少或根本不出钱）与我国运动员培养体制（运动员培养实行举国体制，国家承担全部或绝大部分的培养费用）的差别、目前国外有些国家对运动员的奖励比我国还要差，以及目前我国的经济基础还比较薄弱等，从而把期望值降下来。

（2）提高奖励幅度

通过国内、外体育市场的开拓、社会各界尤其是企业、个人和社会团体的出资赞助等渠道筹集资金，提高奖励的数额。在综合各方面意见的基础上，我们认为：奥运会前3名奖金总额应上调44.52%，亚运会前3名奖金总额应上调36.43%，世界杯（世界赛）前3名奖金总额应上调35.95%。

7. 利用目标分解、激发积极性

利用目标分解、加大奥运会成绩带入全运会的力度以及行政、法规、教育、社会舆论等手段，省、市、区实施奥运争光计划的积极性。由于受"全运会战略"的影响，"奥运战略"受到一定的冲击，从而在一定程度上影响着奥运争光计划的顺利实施。如果把各省、市、区备战全运会、省运会、市运会的高涨热情共同引到奥运战略上来，心向一处想，劲向一处使，形成"全国练兵，一致对外"的气氛，将对奥运争光计划的圆满完成有重要意义。

（1）奥运争光计划任务指标可分解到有条件的省、市、区。奥运争光计划是一个巨大的工程，仅依靠国家一方面的力量是远远不够的。目前有些省、市、区特别是经济比较发达的地区，已经具备了完成奥运争光计划某一任务的条件。若把一些任务指标承包给他们，与他们签订"军令状"，并制订奖罚标准，一方面可调动地方的积极性，特别是能引起领导的重视，从人力、物力、财力、政策等各方面得到强有力支持；另一方面还可减轻国家的负担。

（2）加大奥运会、世界杯、世锦赛成绩带入全运会的力度和奖励程度。可考虑把奥运会、世界杯、世锦赛前8名的成绩带入全运会，变等额带入为加倍带入，同时，加大物质奖励和精神奖励的力度，做到对奥运争光计划有贡献的都有奖，有大贡献的要有重奖，并且奖励要拉开档次。

（3）奖励各省、市、区向国家输送高水平运动员、教练员。目前，有些省、市、区在培养体育人才上还存在着拔苗助长的短期行为，从而在一定程度上导致了奥运争光计划后备人才的严重短缺。为调动各省、市、区为国家培养人才的积极性，可按各省、市、区向国家输送高水平运动员、教练员的数量和质量给予奖励，同时停止收取各种本应由国家承担的费用。

（4）通过行政影响调动地方积极性。利用行政体制中的上下级关系，以行政命令迫使下级更加关注奥运争光计划，从而遏制有关人员"唯全运会至上"的行为。

（5）运用法律法规调动地方政府积极性。制定适当的法律、法规和制度。例如，制定相关的法律条文，明确奥运争光计划中分管全省体育工作的管理人员职责以及任务，将履行职责任务情况作为考核管理人员的重要条件之一。以法律法规约束力推进全运战略、省运战略服务奥运争光计划。

以舆论的力量调动地方积极性。奥运会和全运会结束后，各省在奥运会和全运会上的成绩和名次可以公之于众，让社会对每个省份进行评价，从而形成强大的舆论力量，带动其他省份一起关注奥运争光计划。

第四节　资源绩效管理

一、体育人力资源绩效的含义

体育人力资源绩效，主要指的是体育管理者期望产生的，并且将其顺利纳入考评的一系列体育人力资源的工作表现、工作行为和工作结果。

体育人力资源绩效主要包括三个不同的层次，一是个人绩效；二是体育团体绩效；三是总体绩效。

在对体育人力资源绩效进行理解的同时需要注意以下三个方面。首先，体育人力资源绩效是一个非常具体过程的概念，体育人力资源绩效和体育人力资源评价过程有着不可分割的紧密联系。其次，在对体育人力资源绩效问题进行深入研究的时候，也必须对时间因素进行充分的综合考虑。最后，体育人力资源绩效反映在三个不同的方面，分别是表现、行为与结果。

本书所研究、探讨的体育人力资源绩效主要指的是体育人力资源的个人绩效。

二、体育人力资源绩效的内容

（一）德

体育人力资源绩效中的德主要指的是人的心理、道德以及政治思想的素质。一方面，德是人的重要灵魂；另一方面，德对一个人行为的方向、强弱以及方式有着极为重要的决定性作用，即分别是为怎样的人生目的去努力去奋斗，为了达到人生目的做出的努力程度，以及采用何种手段达到人生目的。

德的标准从某种程度而言不是抽象、具体的，而是随着各个不同行业和时代的变化发生相应的变化。现今，随着时代的快速发展，德的一般标准是始终坚持党的基本路线和集体主义价值观，除了具有一定的责任心和使命感之外，也要具有一定的进取精神，同时遵纪守法和遵守相关职业道德。

（二）能

体育人力资源绩效的能主要指的是人的能力素质，简单来说就是改造与认识世界的相关本领。能不可以是孤立和抽象的存在，而是将素质作为重要的基础，在实际社会的工作当中十分具体地将其表现出来。

从体育人力资源的层面来看，能包括多个方面的能力，如运动能力、协调能力等。面对各种不相同种类的体育人力资源，对能的要求侧重也是各不相同的。图 2-4-1 为能的分解要素。

运动能力	运动能力强，能较好地掌握岗位基本技能、技术，能创造出较好的运动成绩	
业务知识水平	能系统全面掌握本职工作的业务知识，对现在科学管理知识和自然、社会科学知识有较多的了解	
综合分析能力	思想敏捷，接受新事物快，考虑问题周全细致、善于全面地分析问题，逻辑性强，准确性高	
自学能力	自学能力强，能广泛而迅速地获取新知识	
口头表达能力	口头表达能力强，重点突出，条理清晰，说理透彻，语言生动简练，有较强的演讲和鼓动号召能力	
文字表达能力	文章结构严谨，文字简洁，生动流畅，质量高，速度快，能起草本职业务工作文件	
组织协调能力	工作计划性强，能知人善任，将各方面力量拧成一股绳，调动各方面的积极性，有节奏地协调工作	
创新能力	创新能力强，锐意求新，开拓前进，有首创独特的思路，能提出质量较高的改革建议，效果显著	
决策能力	有战略眼光，能正确地确定目标，选出最佳方案，对重大而复杂的问题，能做出正确的决策	
调剂人际关系能力	能听取各方面的正确意见，严以律己，宽以待人，善于与同志一道合作共事，特别是能团结与自己意见不同的人一道工作	
工作经验	工作经验丰富，能运用经验指导工作	

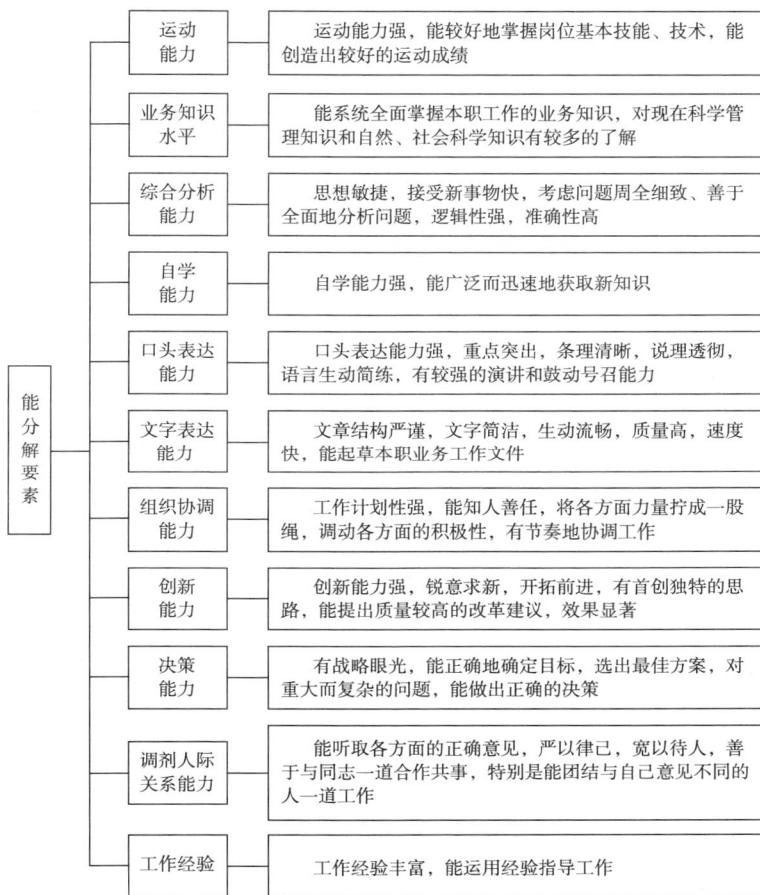

图 2-4-1　体育人力资源能分解要素

（三）勤

勤主要指的是勤奋敬业的精神。体育人力资源绩效当中的勤主要指的是人力资源工作的创造性、积极性、主动性、纪律性以及出勤率。需要注意的是，不可以将勤理解为出勤率。出勤率高是虽然是勤的表现之一，但仅仅是外在浅显表面的勤，并非内在的东西，它也有一定的可能是动手不动脑或者出工不出力。

真正意义上的勤，除了在出勤率方面比较高之外，更为重要的是还有着非常强烈的事业心与责任感。在实际工作的过程当中，将全部的体力、智力以及情感投入其中。所以，勤既包括了内在的勤，也将表面的勤包含其中，特别是敬业精神。图 2-4-2 显示了勤的分解要素。

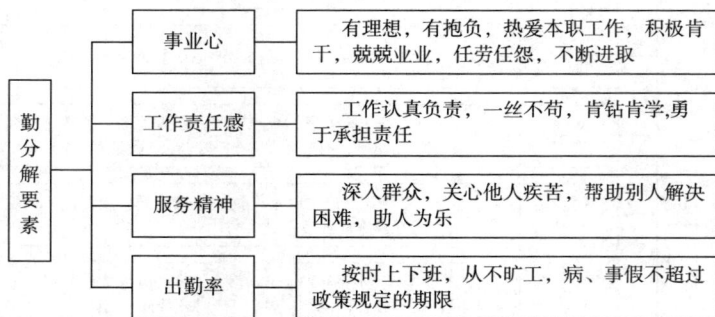

图 2-4-2 体育人力资源勤分解要素

（四）绩

体育人力资源绩效中的绩主要指的是体育人力资源工作结果或者工作成绩，它主要包括完成工作的质量、数量、社会效益与经济效益。其中，无论是质量、效益、数量之间，还是社会效益与经济效益之间，它们之间的关系都是相互对立统一和辩证的，效益始终处于其非常重要的中心位置。

在对体育人力资源绩效进行一系列考察的过程当中，一方面要对体育人力资源工作的数量和质量进行考评；另一方面也应该考评其工作充分满足社会的各种不相同需要，带来的一系列社会效益与经济效益，简单来说就是工作的相关社会价值。图 2-4-3 显示了绩的分解要素。

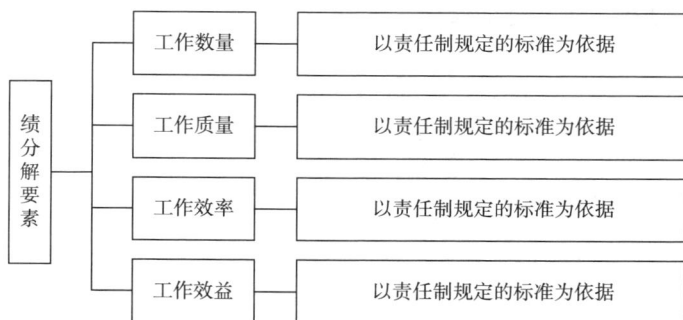

图 2-4-3 体育人力资源绩的分解要素

三、体育人力资源绩效的特点

（一）体育人力资源绩效的多因性

所谓的多因性，主要指的是人力资源绩效的优与劣主要是受到多种客观因素和主观因素的深入影响，并不会仅仅受到非常单一因素的影响。关于这一点，我们完全能够从波特 - 劳勒激励模型当中看出来，如图 2-4-4 所示。

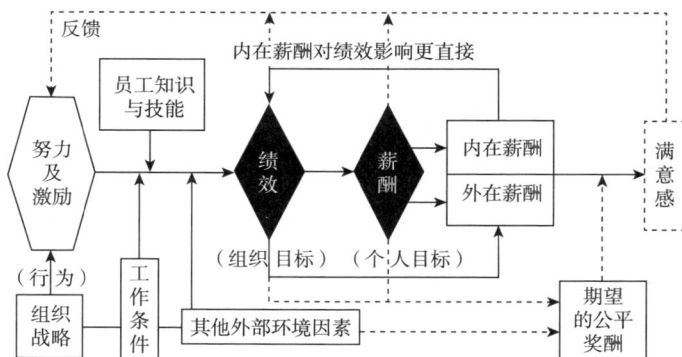

图 2-4-4 激励机制中的绩效与薪酬

（二）体育人力资源绩效的多维性

体育人力资源绩效从某种程度而言，是纳入考评的体育人力资源的工作表现、工作行为以及工作结果。体育人力资源绩效主要包括体育人力资源绩效工作任务执行的具体情况以及完成情况的多个方面。例如，竞技体育人力资源的绩效包括很多个方面，不仅有成绩指标完成情况，成功率、成才率等均是竞技体育人力资源绩效的重要组成部分，甚至服从、纪律等方面也是竞技体育人力资源绩效的一部分。

所以，在分析与考评体育人力资源工作绩效的时候，需要从多个不同的维度和方面去进行，只有这样才可以获得比较真实的体育人力资源绩效评价。

（三）体育人力资源绩效的动态性

绩效实际上是反映一段时间内工作的具体情况。因为能力水平、激励状态、环境因素等不是一成不变的，会产生变化，所以也有一定的可能，原本绩效差的体育人力资源会随着时间的推移逐渐好转，有一定的改进；同样原本绩效比较好的体育人力资源也存在一定的可能，出现退步和变差。因此，要求在对体育人力资源绩效进行评价的过程当中，需要对绩效的动态性进行更加充分的全面考虑，一定不可以在绩效的问题上采用一成不变的思维来对待。

与此同时，这也很好地对绩效评价与绩效管理中存在的周期性的问题有了很好的解释。在对绩效评价与管理周期确定的过程当中，需要对绩效的动态性特征进行充分的综合性考虑，根据具体的情况进行具体的实际分析，以便于确定一个比较恰当的绩效周期，以及进一步保证组织可以充分按照评价的目的，对体育人力资源的实际绩效情况进行更加充分的掌握、了解和认识，减少一些不必要的管理成本。

四、体育人力资源的绩效管理

（一）体育人力资源绩效管理的含义

体育人力资源的绩效管理主要指的是体育管理者期望产生的，和组织目标相同的同时纳入考评的体育人力资源的工作表现、工作行为，以及工作结果所进行一系列管理的活动。体育人力资源的绩效管理主要有以下几个方面的特征。

第一，体育人力资源的绩效管理是一个极为完整的循环系统，它主要包括六个环节的循环系统，分别是绩效目标的确定、绩效计划的签订、绩效计划的实施与管理、绩效的考评、绩效考评反馈、绩效考评结果的运用。（图 2-4-5）

体育发展战略

↓

体育总体绩效目标

绩效管理循环

体育人力资源绩效目标的确定

↓

体育人力资源绩效计划的签订

↓

体育人力资源绩效计划的实施与管理

↓

体育人力资源绩效的考评

↓

体育人力资源绩效考评反馈

↓

体育人力资源绩效考评结果的运用

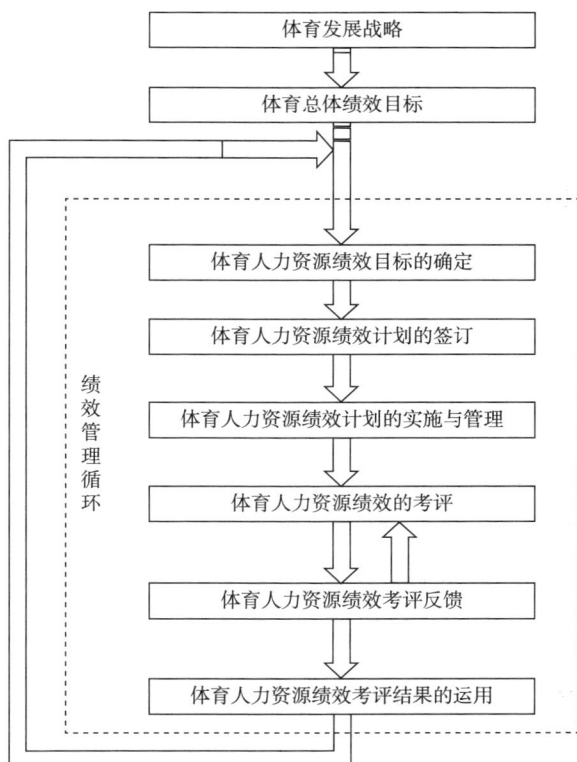

图 2-4-5 体育人力资源绩效管理系统

由图 2-4-5 可看出，体育人力资源的绩效管理不仅仅是绩效计划和绩效评估，还是一个包括计划、沟通指导、评价考评、绩效诊断与辅导、再计划的一个完整的动态管理系统。

第二，体育人力资源的绩效管理是一个过程。体育人力资源的绩效管理是依据体育管理者与体育人力资源之间达成的协议（或目标）来实施的一个动态的沟通过程。该过程由体育人力资源和体育管理者之间达成的业绩目标协议或工作计划书来保证完成，并在协议中对未来工作达成的目标做出明确的要求和规定：体育人力资源既定的工作职责；期望体育人力资源完成的实质性的具体工作；以明确的条款说明"工作好与不好的标准"是什么、工作绩效如何衡量；体育管理者如何帮助体育人力资源达成目标、如何排除影响绩效的障碍；体育人力资源与体育管理者应如何共同努力以维持、完善和提高绩效。

需要注意的是，体育人力资源的绩效管理对绩效的结果以及达成绩效目标的过程都非常注重和强调。体育人力资源的绩效管理不仅包括最后的评价，还强调通过对整个绩效周期当中的体育人力资源绩效情况的有效控制，从而实现体育人力资源绩效管理的最终目的。

第三，体育人力资源的绩效管理作为十分重要的有力工具，既可以有效防止体育人力资源绩效不佳，又可以使体育人力资源的工作绩效得到较大幅度的提升，它不仅是其最核心的目的，并且各个环节都要始终紧紧围绕着这一核心目的来进行。所以，体育人力资源的绩效管理一方面要专门针对其中存在的一系列问题；另一方面还要着眼于努力提升体育人力资源绩效管理现有的绩效水平，以便于快速促进和推动相关组织目标的顺利实现。

第四，沟通是体育人力资源的绩效管理核心。绩效管理对沟通、辅导和体育人力资源能力的快速提升极为注重和强调。通过进一步强调和注重沟通辅导的实际过程，从而使体育人力资源的绩效管理快速实现其开发的最终目的。绩效管理不是体育管理者的唯一工作，也绝不是体育人力资源在绩效管理偏低时才会使用的惩罚工具或者权力炫耀。实际上，在整个体育人力资源绩效管理的系统当中，各种不相同方式的沟通辅导始终贯穿于其中。绩效管理从某种程度而言，也代表着体育人力资源和体育管理者双方相互沟通、共同学习以及快速提高的整个过程。

第五，绩效管理的实质不仅包括通过不断的有效沟通，最终达到快速提升与改善绩效，还包括进一步实现团队或者组织的目标，以及推动和促进体育人力资源的全面发展。

第六，体育人力资源的绩效管理从实际意义上来说是一种改良后的目标管理，主要是通过目标协议书或者工作计划书的一系列正确、科学的有效管理来实现绩效管理的。所以，绩效管理虽然大多数情况下是作为管理目标之一，但此种管理目标实际上是一种经过综合改良后的目标管理。

此种改良后的目标管理，对体育人力资源实际沟通的过程非常注重和关注，因此对工作的最终结果和工作的具体过程都极为关注，需要注意的是绩效管理，既不是对体育人力资源的工作进行一系列的监督和检查，也不是对体育人力资源工作的具体过程时刻的关注和强调。主要是将大多数的精力投入到体育人力资源工作的结果上面，反而对于人力资源工作的具体过程，没有太多细致的关心和关注。

（二）体育人力资源绩效管理的过程

1. 体育人力资源绩效目标的确定

体育人力资源绩效目标的最终确定作为绩效管理的第一步和最重要的一步，同时也是绩效管理的重要前提，原因在于所有工作的出发点与落脚点均是为了目标。从体育人力资源绩效管理的整体过程来考察，绩效计划的签订、实施和管理，以及绩效的考评和反馈均是专门针对体育人力资源绩效目标来进行的，所以对体育人力资源绩效管理的重要依据从实际意义上来说，也就是对目标进行有效的管理。

体育人力资源绩效目标与体育总体绩效目标是联系在一起的，是一致的。体育总体绩效目标先分解为部门或团队绩效目标，然后再由部门或团队绩效目标分解为体育人力资源个人绩效目标。众多的体育人力资源个人绩效目标之和构成了体育绩效总目标，个人绩效目标完成状况直接影响着总体绩效目标的状况。反过来，体育总体绩效目标的完成状况也会影响个人的劳动报酬、培训进修、就业与失业等。因此，体育人力资源的绩效目标与体育总体绩效目标是息息相关的。

体育人力资源绩效目标是在体育人力资源参与下，与管理者多次沟通、交流而确定的。通过双方沟通、交流，体育人力资源清楚了部门或团队对自己的绩效期望（包括数量、质量、时限、成本、工作表现、技能等）、评价绩效的指标与标准、完成绩效后的奖惩。同时，管理者也对其体育人力资源的实际工作能力、绩效实施中存在的困难与问题有所了解，一方面修正了体育人力资源绩效目标，另一方面明确了自己在绩效管理中应该在哪些方面对体育人力资源提供帮助。经过双方多次协商与沟通，体育人力资源对个人目标做出认可与承诺，最终双方在体育人力资源绩效目标上达成了共识。

2. 体育人力资源绩效计划的签订

在体育人力资源与管理者充分沟通与交流的基础上，在工作目标的认识上达成共识。为了有"法"可依，为了保护合法利益，也为了避免一些不必要的争议和矛盾，体育人力资源和管理者双方有必要签订绩效计划书（表）。

绩效计划若按名词理解，实际上是体育人力资源和管理者双方对每个职位在每个绩效期内所要达到的工作目标、工作结果及其衡量指标与标准、各项工作所占的比重、绩效奖惩等问题上所签订的一种契约。双方在绩效契约上签字后，便可按该契约共同履行双方各自的工作职责。

3. 体育人力资源绩效计划的实施与管理

体育人力资源绩效计划的实施和管理在整个绩效管理系统的过程当中，时间是最长也是最重要的一步，并且也是经常容易被人们忽视的环节。绩效计划是否可以真正地落实与完成对体育人力资源绩效计划的实施和管理非常地依赖，同时绩效评估的依据也来源于该过程。因此，体育人力资源绩效计划的实施和管理在体育人力资源的绩效管理当中，是一个非常重要的中间过程，不可忽视，这一过程做得如何，对体育人力资源绩效管理的成败有着非常直接的重要影响。

在此过程中，管理者要完成两件事情：第一，收集绩效信息，主要包括工作中困难的信息、工作绩效进展的信息、工作绩效表现（行为）的信息、岗位关键绩效指标执行和完成情况的信息；第二，根据收集的绩效信息，经简单加工与处理后，认真履行其敦促、监督、指导和反馈职能。在此过程中，体育人力资源要就工作中遇到的困难与问题及时与管理者、同事等进行沟通，获取帮助和支持。

4. 体育人力资源绩效的考评

在每个绩效期结束后，都要对体育人力资源的绩效进行考评。其考评目的是改善和提高体育人力资源的绩效。其考评内容是绩效计划里签订的工作目标达成情况、工作能力、工作态度等，这些主要通过衡量岗位关键指标的执行和完成情况来实现的。其考评的依据是绩效管理计划实施与管理过程中所收集到的绩效信息。

5. 体育人力资源绩效考评反馈

体育人力资源的绩效考评结束后，应及时将其考评情况反馈给体育人力资源。可通过面谈的形式进行。其绩效反馈面谈的基本内容包括：考评结果情况介绍；听取体育人力资源对考评情况尤其是考评结果的认识与认可情况；指出体育人力资源绩效中的优、缺点，长处与不足；提出下一步绩效改进计划。

6. 体育人力资源绩效考评结果的运用

随着时代的发展和技术的进步，人们在长时间实施绩效考评的过程当中，逐渐认识到绩效考评实施成败的关键点是其结果如何应用。大多数绩效考评实施失败的主要原因是没有对绩效考评结果应用中存在的众多问题进行很好的处理。

当前，人们还习惯于把绩效考评与薪酬管理等同起来，认为绩效考评的目的就是为了在薪酬方面奖勤罚懒，体现优劳优酬，调动人们的工作积极性、主动性。不容置疑，在市场经济条件下，用薪酬来调动人们的工作积极性、主动性还非常有效。但有一点必须清楚，在当今社会，人们的需要是多方面的，既有保健因素方面的，如薪酬、安全、地位、个人生活，与领导、同事、下级的关系，等等；也有激励因素方面的，如工作成就感、受重视、提升、个人职业生涯、工作责任，等等。由此看来，体育人力资源绩效考评结果可以运用到许多方面。

第一，绩效改进计划。对体育人力资源绩效考评后，针对其绩效中存在的问题、缺点与不足，制订切实有效的绩效改进计划，如培训、进修等，帮助改善与提高绩效。

第二，职业生涯计划。考评结束后，可将考评结果运用到体育人力资源的职业生涯计划中：对绩效杰出者可给予提升、参与管理、荣誉称号、更多的责任、种种锻炼的机会，等等，以促进其职业生涯计划发展。

第三，领导人才选拔的有效效标。通过绩效考评结果，可能会发现一些具有领导才能的体育人才，可以把其中优秀的作为领导层后备人才培养对象，也可以把最优秀的直接吸收到领导岗位上来。

第四，奖惩计划。根据绩效考评结果实施奖惩计划，如薪酬奖惩，福利待遇奖惩，工作条件奖惩，学术假奖惩，培训进修机会奖惩，外出参观、考察与旅游奖惩，待岗、转岗与下岗惩罚，等等。以促进体育人力资源改善与提高绩效。

第五，职务评聘的依据。把体育人力资源绩效考评结果运用到职务评聘中来，把它作为职务评聘的决策依据，在一定意义上体现了公平原则，减缓了矛盾冲突。

第五节　资源培育

一、我国竞技体育人力资源的培养

（一）计划经济下的我国竞技体育人力资源的培养

中华人民共和国在建国初期极度缺乏竞技体育人力资源，其中学校体育是人力资源培养的主要来源。简单来说，就是通过众多优秀的青少年积极参与各种不相同类型的竞赛活动，最终筛选人才的自然选拔机制，走的是业余竞技体制之路。

在此种竞技体育人力资源培养体制的深入影响下，使竞技体育水平的有效提升，以及体育运动的广泛普及，得到了进一步的有机结合。学校不仅成为我国近代竞技体育的重要发源地，也成为培育我国优秀竞技体育人才的巨大摇篮，为我国近代竞技体育的广泛普及、快速传播以及全方位提升作出了非常大的贡献。

团中央与中共中央组织部在1952年联合发出《选拔各项运动选手集中培养的通知》，并在提出我国因为以前体育基础比较差，近几年出国参加各类球类比赛水平普遍偏低，和国家的地位不相称，亟须改变此种现象或者局面，所以体育工作假如只是广泛的普及，没有在适当的范围内对其进行相应的提升，就不能完全有效适应实际的社会需求，因此必须让广泛普及和适当范围内快速提升体育竞技水平有效结合在一起，以便于获得进一步的快速发展和提升。

中华全国体育总会在 1952 年 2 月，为了对干部进行深入的培训以及加强训练，让我国的体育运动竞技水平得到快速的提升，成立了中央体训班（国家体育总局训练局的前身），设立各种不同类型的球类项目，如排球、足球等。体训班的主要任务就是努力为国家培养大批的优秀运动员，让我国的体育运动技术水平得到大幅度的快速提升，同时在参与各类国际的体育竞赛当中尽最大的努力获得胜利，为国家争取更多的荣誉，并且通过运动员技术上的成就来进一步促进、推动和全面影响我国体育群众的广泛开展。

各大行政区在中央体训班的影响下，于 1953 年先后成立了体训班，也就是后来各省体工队的前身。我国建立现代化专业体育队伍的开始就是体训班的成立。与此同时，在地方体训班成立以前，中国人民解放军在 1951 年 4 月份正式成立了体育工作大队，之后在我国各大军区如东北、西北等先后成立了大军区体工队。

全国体育工作会议在 1965 年提出了全面建立国家与省的"两级优秀运动员"，之后逐渐形成了独属于我国的训练体制，包含国家队、地方优秀运动队以及业余训练的三级训练网。

其中，纵向能够分为三个不相同的层次。

一是高级形式。高级形式包括国家集训队、各省市自治区等各个行业的优秀运动队伍。高级形式是我国竞技体育的重要一线队伍，它不仅承担着努力培养优秀运动员的重要任务，还兼具着努力攀登世界体育运动技术水平高峰的重要任务。

二是中级形式。中级形式包括各类青少年业余体校、省（自治区、直辖市）体育运动学校等。中级形式和我国高级形式相比属于我国竞技体育的二线队伍，主要任务是努力培养更多优秀运动员后备力量，同时为高级形式输送大批优秀运动员后备力量。另外，也要努力为社会培养大量的中等体育专业人才，充分满足社会对中等体育专业人才的需求。

三是初级形式。初级形式包括中小学运动队、体育传统项目学校等。初级形式主要任务是培养在体育方面有着一定前途的中小学生，对他们进行更加系统的课余训练，帮助中小学生将重要的基础打好，同时把有发展前途的优秀运动员后备人才，通过各种不同的方式积极推荐给更多的业余体校或者上一级的训练单位。

我国竞技体育人力资源培养的三级训练网，站在横向的角度来看，能够分为两个不同的部分：一是专业训练体系；二是业余训练体系。其中，前者主要包括两个方面，一是国家集训队，二是省级（包括解放军、各行业）优秀运动队；后者主要包括三级训练网当中的两种训练形式，分别是初级与中级，并且从某种程度而言这也是我国竞技体育人力资源培养中非常重要的基础环节和组成部分，对我国竞技体育的发展有着极为重要的作用和意义。

曾经，此种高度集中与封闭的运动员训练与管理体制，对于我国各级运动员队伍的充分稳定发挥了极为重要的保障作用，为我国竞技体育提供了非常充足和大量的优秀青少年后备力量。一方面，促进和推动了我国各个不同运动项目技术水平的快速提升，从而在短时间内使很多运动项目的运动技术水平得到较大幅度的提升；另一方面也培养出了很多优秀的世界冠军，进一步打开了和国际深入交往和交流的大门，为我国竞技体育创造了很多辉煌的历史成就的同时，对我国体育事业的快速全面发展有着极大的推动和促进作用。

由以上史料可以看出，从 20 世纪 50 年代初到 70 年代末，我国竞技体育人力资源的培养主要是以体委系统为基础，走的是专业竞技体制之路，是通过国家行政体制和财政力量集中有限的资源维持"优秀运动队伍"实现的。在国家整体不发达的状况下，我国还不可能由社会来支撑一支满足国家意志的高水平业余竞技体育队伍[①]。

（二）社会转型期我国竞技体育人力资源的培养

1978 年 12 月 18 日，中国共产党第十一届中央委员会第三次全体会议在北京举行，这也标志着我国正式进入一个从计划经济逐渐向市场经济转轨的社会转型期，我国社会原来的体制均面临着市场经济的巨大冲击，同时竞技体育人力资源的培养体制也受到了较大的冲击和影响。

由于我国对专业竞技体制管理得过于严格，导致社会参与的积极性和主动性都相对偏低，竞技队伍在财政方面面临的挑战和困难日益增大，并且也很难充分满足与以及快速适应体育社会化的各种不相同要求。竞技体育的淘汰率和普通体育的淘汰率相比相对偏高，同时竞技体育也会牺牲大量的文化教育时间，以及运动员文化素质普遍较低的现实，导致很多的家长不愿让具有一定运动天赋的孩子从事竞技训练，另外传统体校生源不足的同时，出入也非常为不畅，数量逐渐减少，三级训练网体制当中的底层竞技体育人才与中间竞技体育人才队伍出现逐渐缩小的趋势和现象。

行政区划与单位对竞技体育人力资源有一定的限制作用，流动的难度比较大，同时也具有人才匮乏与人才闲置并存的问题。以前培养模式下培养出来的运动员，因为脱离基础教育的时间太早，长时间从事专业的训练，因此这些运动员普遍具有文化水平不高以及职业技术专项化的特点。除此之外，竞技体育的成才率和普通体育相比相对偏低，随着时代的发展和科

---

① 钟秉枢，梁栋，于立贤，等.社会转型期我国竞技体育后备人才培养及其可持续发展 [M].北京：北京体育大学出版社，2003：3-6.

技的进步，很多运动员从实际意义上来说已经和社会脱节，这也导致众多原役或者中途被淘汰的运动员在现今的社会当中很难寻找生存立足点。

部分退役运动员，因为在基本的劳动就业技能方面非常缺乏，在就业的过程当中竞争能力不足，安置的难度逐渐增大，大量的退役运动员由于无法进行及时地安置，长期滞留在运动队当中占据，占据一部分的人事工资指标，这也就使得很多新运动员无法及时地入队训练，对优秀运动队人员的及时更新产生了非常直接的不利影响。有的运动员虽然已经被有效地安置，但是很快又下岗和失业，安置的效果并不理想。

我国在正式进入 20 世纪 80 年代中后期以后，随着经济体制改革的不断深入和发展，我国经济体育人力资源培养体制也在其深入影响下发生了巨大的变化。以前专业经济体制下建立的各级体校和体工队数量开始逐渐减少，与之相对应的是其他培养形式先后应运而生。

原国家体委在 1987 年和 1996 年分别发布了《开展体育后备人才交流的暂行办法》《全国运动员交流暂行规定》；国家体育总局在 1998 年发布《全国运动员交流管理办法》（试行）。各级体委通过各种不相同的形式和企业一起联办运动队，部分行业系、统企业以及高校办起了远远高于自身水平的运动队，一些项目在运行的过程当中实行了有偿训练和风险抵押。由此可见，由社会兴办的各种不相同形式的业余训练组织数量明显增加，并且活跃度日益增加，从而最终逐渐成为从事业余训练工作的重要新生力量。

二、社会体育指导员的培养

（一）社会体育指导员的含义

所谓的社会体育指导员，主要指的是在竞技、学校和部队体育之外的各种群众性体育活动当中，从事与其相关的各种运动技能传授，正确、合理、科学的健身指导以及组织相关管理工作的人员。

社会体育指导员不仅是社会体育的重要传播者与组织者，同时还是最为关键的指导者。从实际意义上来说，一方面，快速发展我国体育事业，使我国公民身心健康得到加强的同时，生活质量和水平得到较大幅度的提升；另一方面，积极构建社会主义精神文明，使社会体育更加社会化、产业化、科学化以及法治化。

（二）我国社会体育指导员制度

1.《制度》主要内容

《制度》对社会体育指导员的地位与作用、基本条件与分级条件、培训与考核、申请与审批、指导工作方式以及工作管理等做出了较为明确的规定。

（1）社会体育指导员的职责和作用

①社会体育指导员的职责

通过一系列的证券指引和指导广大人民群众进行科学地健身，使锻炼效果得到较大幅度的提升；广泛组织与带领广大人民群众积极参加各种不相同类型的健身活动；正确引导广大人民群众进行合理的健身投资与体育消费。

②社会体育指导员的作用

社会体育指导员作为快速发展我国体育事业的一支重要力量，除了能够使公民的身心健康得到有效增强，还可以使广大人民群众的生活水平和质量得到一个较大幅度的全面提升，以更好地建设社会主义精神文明。

（2）社会体育指导员的素质与条件

①社会体育指导员的素质要求

思想道德素质。社会体育指导员除了需要在思想方面有较高的觉悟以外，还要有正确的政治方向，将人民利益、祖国发展和社会体育指导工作紧密地结合在一起，为进一步增强广大人民群众的体质作出贡献。与此同时，社会指导员一方面在法制方面有较强的观念，以及自觉的道德修养，充分依据相关法律法规开展和组织各种相关的指导工作，同时通过各种方法努力使公共道德与职业道德水准得到不断地提升和发展；另一方面，既要有高度的责任感和事业心，又要有非常扎实的工作作风，积极地开展各种不相同类型的有效社会体育工作。

科学文化素质。社会体育指导员在具有文化知识的重要基础上面，也应该对政策理论、组织管理等方面的知识有一定的掌握、认识和了解。

工作能力素质。社会指导员在文化知识的重要基础上，也应该具备组织管理、科学研究等相关能力。除此之外，还应该有良好的心理和身体素质。

②社会体育指导员的基本条件

社会体育指导员的基本条件从实际意义上来说就是对各级社会体育指导员最基本的共同要求。它主要包括以下两个方面的基本内容。

思想与工作表现条件。坚决并且始终拥护中国共产党的正确领导，热爱社会主义祖国，对法律和社会公德严格地遵守的同时，也热心社会体育事业，并且积极、主动地从事各种与其相关的社会体育工作。

申请的资格条件。申请晋升上一等级称号或者授予技术等级称号，都应该参加相应级别的业务培训，并且考核合格。

（3）社会体育指导员的培训与考核

①社会体育指导员的培训

培训对象与培训方式。国家级与一级社会体育指导员采用的是集中培训方式，该种培训方式在实际教学的过程当中，国家级与一级社会指导员的学时分别不少于80和60。二级与三级社会体育指导员培的训方式是自学和统一考试相结合的方式，并且在考试前需要参加不少于20个学时的一系列辅导。

培训内容。社会体育指导员的培训内容一共在政策理论知识、社会体育理论知识、组织管理知识与能力、锻炼指导知识与能力、基本科学研究知识和各地自定的教学内容中设置 24 个专题，并且不相同等级的社会体育指导员，无论是培训的要求还是培训的专题都是各不相同的。

②社会体育指导员的考核

国家与一级社会体育指导员考核主要采用考试和考查相结合的方式。考查和考试的形式是不同的，其中考查和考试相比形式比较多，如作业、专题报告等；考试的形式相对比较单一，运用的是闭卷考试。优秀、良好、及格、不及格的四级分制是评定考查与考试成绩的主要机制。

二级社会体育指导员与三级社会体育指导员的考试，主要是由各省、自治区以及直辖市的体育行政部门严格按照国家体委规定的考试大纲进行统一的考核，考试的方式也是闭卷考试，成绩是百分制。社会体育指导员培训结业以及发放培训合格证书的主要标准是，缺课时间不超过培训时间的 10%，并且每一个专题的考试成绩都合格。需要注意的是，当社会体育指导员某一个专题考核成绩不及格的时候，则培训不及格；当社会体育指导员培训不及格或者缺课超过培训时间的 10%，则不予结业。

（4）社会体育指导员技术等级称号的申请与审批

①社会体育指导员技术等级称号的申请

依据《制度》的相关规定，社会体育指导员在经过一系列的业务培训，并且考核合格之后，均可以提出社会体育指导员技术等级称号的申请。若社会体育指导员连续两年的时间没有从事社会体育工作，是不可以申请高一等级的社会体育指导员技术等级称号的。

社会体育指导员技术等级称号的申请者，需要向体育活动指导地的县（区）体育行政部门，或者被委托的相关组织提出社会体育指导员技术等级称号的申请，索取《社会体育指导员技术等级称号申请审批表》，申请审批表内的《社会体育指导员技术等级称号申请书》（本人填写）、《社会体育指导员技术等级称号推荐书》（所在体育组织或者单位填写），之后社会体育指导员申请者提交申请审批表以及相应的业务培训合格证书，申请晋级者还应该向主管部门提交原等级证书。社会体育指导员技术等级称号的申请者只有将上述材料都备齐之后，主管部门才可以受理社会体育指导员技术等级称号的申请。

②社会体育指导员技术等级称号的审批

社会体育指导员技术等级称号的评审。各级体育行政部门以及被委托的组织需要设立评审委员会。一级和国家级、二级和三级的社会体育指导员的等级评审委员会分别由9～11人、5～7人的单数组成。评审委员会需要在经过主管机构征求众多的有关方面的意见之后聘任，大多数情况下的任期是4年。

评审委员会必须始终坚持相关原则，正派公道，并且严格按照法律条件与程序科学、合理、客观地对待每一位社会体育指导员技术等级称号的申请者，从而做出不通过或者通过相应技术等级的评审结论。评审委员会在召开评审会议的时候，到会人数必须超过全体委员的三分之二，并且在认真评议的重要基础上面，通过无记名投票表决的方式，在二分之一以上人数同意后，则通过相应技术等级的评审。

社会体育指导员技术等级称号的批准授予。国家级、一级、二级和三级社会体育指导员分别由国家体委，省、自治区、直辖市体育行政部门，地、市体育行政部门，县、区体育行政部门批准授予。

（5）社会体育指导员从事社会体育工作的主要方式

①社会体育指导员义务免费从事相关的社会体育指导工作。

②社会体育指导员能够积极组织和开展体育锻炼指导、体育咨询等一

系列有偿服务，同时也可以充分按照与之相对应的技术等级称号收取不同层次的报酬。

③当社会体育指导员获得体育行政部门颁发的许可证，并且在工商行政管理部门顺利注册以后，就能够有效组织和开展各种经营性的不同体育活动。

④社会体育指导员能在机关、社会团体以及企事业单位当中应聘，应聘成功以后在其中担任相关的社会体育指导工作。

2.《标准》作用与主要内容

（1）《标准》的作用

《标准》的作用有很多：第一，《标准》是有效制定和衡量社会体育指导员职业鉴定规范以及职业能力的重要基础依据；第二，《标准》是进一步确定社会体育指导员劳动水平的重要参考依据；第三，《标准》为更加合理、有效地利用社会体育指导员劳动资源提供十分重要的依据。

（2）《标准》的主要内容

职业名称、培训要求等部分构成了社会体育指导员国家职业标准。

社会体育指导员的定义是指在群众性体育活动当中，从事体育运动技能的广泛传授，提供一系列科学、正确的健身指导，以及进行有效管理工作的相关工作人员。社会体育指导员从事的主要工作包括以下几个方面：正确指引和指导社会体育活动者深入学习，对体育健身的相关技能、知识以及方法进行更加充分的掌握和了解；积极组织社会体育活动者进行各种体育活动，如健身、娱乐等；积极协助社会体育活动者开展和组织体质监测、测定等活动；社会体育指导员也应该有效承担管理、经营和服务等相关工作。

社会体育指导员按照国家职业标准等级划分，可以分为四个不同的级别，由高到低依次为社会体育指导师、高级、中级、初级的社会体育指导员。其中，初级社会体育指导员的主要职能是可以通过充分运用最基本的技能，正确指导和指引练习对象学习最基本的技术动作，同时帮助学习者有效提升其基本的运动素质。中级社会体育指导员的主要职能是可以针对各个不同性别或年龄的练习对象的实际情况，进行一系列的正确指引和指导，从而使练习者的专项技术水平得到较大幅度提升的同时，进行一定的健身活动。高级社会体育指导员的主要职能是，一方面可以通过对各种技能的熟练、充分、灵活地运用，更好地完成技术指导工作，还可以为不同的残障人士、职业者等提供一系列的健身服务；另一方面也可以积极组织和开展各种有趣的体育活动，因此需要具有相应的管理能力和组织培训的能力。社会体育指导师的主要职能是既可以在技术指导的过程当中，对遇到的问题进行独立的解决，还可以胜任康复锻炼的正确指引和指导工作。同时，有效组织和开展各种与其相关的专业技术培训。因此，需要社会体育指导师不仅在管理和经营方面具有一定的能力，也需要具有一定的科研能力。

所谓的职业功能，主要指的是一个职业要实现的相关活动目标或者一个职业活动的主要方面。按照各种不同的特点与性质，职业功能可以按照工作领域、工作项目或者工作程序来进行相应的划分。其中，社会体育指导员的职业功能是按照工作领域来划分，构成社会体育指导员职业功能的工作主要包括准备工作、技术指导等；依据《国家职业标准制定技术规程》的相关要求，社会体育指导员的工作内容能按照程序和种类划分；社会体育指导员工作内容的确定是严格按照其等级工作的范围以及任务的不同划分的，社会体育指导员在表述的过程当中是按照某一件事的表述形式提出的，每一个项目的工作内容，大多数情况下包括两个或两个以上。

（三）我国社会体育指导员培养改革

1. 切实抓好社会体育指导员的培训工作

进一步加强对社会体育专业技术队伍培训与管理的法规制度的重视和强调，同时在培训与管理制度的重要基础上，建立与完善多元化和多种形式并存的重要培训制度。

一方面，在培养方式与培训方式上不拘一格，积极勇敢地走向社会，在训练的过程当中更加具有开拓性；另一方面，对培训方式与教学方式进行深入的改革，让参加社会体育指导的培训者学有所用和所长。与此同时，对社会体育专业技术队伍的评估制度，以及工作检查制度努力的构建和完善。

2. 进一步建立队伍发展和制度实施的社会化体制与机制

（1）各运动项目协会不仅要参与社会体育指导员的评定工作，也要积极参与其培养工作与管理工作。技能指导型社会体育指导员随着全民健身活动不断深入和发展，已经逐渐成为社会体育指导员的重要主体，在其中占据非常重要的地位。因此，职业标准鉴定和技术等级确定均应该有相应的项目协会参与。另外，要通过对制度更加科学、合理的有效设计，让运动项目协会可以对项目普及的法定职责进行更好地履行和遵守，从而在社会体育指导员工作当中将其积极的重要作用充分发挥出来。

（2）需要不断加强对社会体育指导员工作在自治方面的管理。社会体育指导员的评定与管理，虽然严格按照当时《制度》实施的条件来看是由体育行政部门主要负责，但是从社会体育指导员工作相关的内容规定，以及对社会化发展的趋势进行了更加综合的全面考虑之后，做出了体育行政部门可以委托其他组织管理的相关规定。随着时代的发展，现如今实行社会体育指导员工作社会化管理的条件和以前相比变得更加成熟和完善，甚至部分区域已经开始大胆尝试。因此，不仅应该建立全国性的社会体育指导员协会，也应该积极建立地区性的社会体育指导员协会，从而逐步实现社会体育指导员工作相关事务的行业自律以及自我管理。

（3）要积极推进《制度》在基层社会体育指导员中广泛实施。多年来，为调动各级体育管理干部实施《制度》的积极性，评定了一批体育行政管理人员的社会体育指导员等级称号。而《制度》的设计初衷，是面向基层的社会体育工作骨干。要积极鼓励和吸收活跃在广大群众健身活动中的基层工作骨干评定技术等级称号。国家公务员不直接进行指导服务的，不宜再评定社会体育指导员称号。

三、体育经纪人的培养

（一）体育经纪人的含义

体育经纪人在我国作为一个全新的概念，是我国是一个非常新的领域。以前国外经常将处理经济事务的人称作"Agent"，之后随着时代的发展逐渐称为"Manager"。简单来说，体育经纪人现如今的含义是体育经纪人，由于受到各种不相同传统文化、社会制度等众多因素的深入影响，各个不相同国家的界定也存在着一定的差异，甚至在一个国家的不同地域当中对其的解释也具有一定的差异性。

球员经纪人在国际足联的注册球员经纪人规则当中，主要是为了进一步获取更多的佣金，充分依据该规则条款把球员介绍给俱乐部，从而获取相应的就业机会，或者努力促成两个俱乐部之间顺利达成转会协议的相关自然人。

体育经纪人在意大利足协的体育经纪人管理条例当中，主要指的是代理职业运动员的人为相关运动员，制定合同期限、奖金等，同时为委托运动员和俱乐部之外的自然人、法人签订商业合同，商业合同的内容涉及形象开发以及运动员名字。

美国加利福尼亚州把体育经纪人作为独立的合同签订者，将获取佣金作为最终的目的，和体育组织或者运动员签订委托合同，为体育组织或者运动员努力寻找各种职业运动或者比赛的重要机会，同时为他们提供一定的商业机会。

目前，我国在体育经纪人概念上尚无一个科学、统一和权威的定义，只是有些体育组织根据自己的需要，在各自的经纪人管理规则中进行了解释。如在《中国足球协会足球经纪人管理办法》中对足球经纪人是这样规定的：球员经纪人是指一名自然人，以获取佣金为目的，在正常范围向俱乐部介绍有意签约的球员，或介绍两家俱乐部进行球员转会活动。在《中国篮球协会经纪人管理暂行办法》中对篮球经纪人是这样规定的：篮球项目经纪人是指依法取得经纪资格、从事篮球经纪活动的法人和自然人。

此外，在我国各省的体育经纪人管理办法（或暂行办法）中对体育经纪人的理解也不尽相同。如在《山东省体育经纪人管理暂行办法》中对体育经纪人是这样规定的：体育经纪人，是指在各类体育活动中，从事居间、代理等经纪业务并从中收取佣金的公民、法人和其他经济组织。在《上海市体育经纪人管理试行办法》中对体育经纪人是这样规定的：体育经纪人是指依照本办法取得合法资格、专门从事体育经纪活动的个体工商户、法人或其他经济组织。北京市在《关于加强我市体育经纪人管理的通知》对体育经纪人这样规定：体育经纪人是指在各类体育活动中，从事居间、行纪、代理等经纪业务并从中收取佣金的公民、法人和其他经济组织。

由此，通过上述的内容我们可以得出，该概念虽然在外延上的委托人、受托人和经营涵盖的范围上表现有所不同，但在基本内涵上是相同的，主要包括以下四个方面：一是代理内容是体育；二是充当委托人和第三人之间的重要订约媒介，或者努力为委托人提供和第三人签订的重要机会；三是将获取佣金作为目的；四是委托合同保证顺利成功地实施。

因此，笔者将体育经纪人定义为，为各种体育活动，如比赛、表演等提供一系列的中间服务，同时在提供服务的过程当中收取一定佣金的法人、自然人以及其他经济组织。

（二）体育经纪人的类别

1. 以组织形式分类

个体经纪人是自然人以自己的名义从事体育经纪活动，并以个人全部财产承担无限责任的体育经纪组织。

合伙经纪人是由两名以上具有体育《经纪资格证书》的合伙人订立合伙协议，共同出资、共同经营、共享收益、共担风险，并对合伙企业的债务承担无限连带责任的营利性组织。

经纪公司是指以公司形式设立的，具有法人资格的体育经纪组织。

2. 按经纪活动方式分类

居间经纪人作为体育经济组织，自身并不会直接交易，主要是通过自身的名义为交易双方提供相互交易的重要机会。

行纪经纪人主要指的是接受委托人的相关委托，用自身的名义和第三人相互交易的同时，严格按照已经做好的约定收取委托人的佣金，以及自身承担由此发生的法律责任的体育经济组织。

所谓的代理经纪人主要指的是受到委托人的相关委托，以委托人的名义和第三人相互交易，并且最终由委托人承担发生法律责任的体育经理组织。

3. 按客户性质分类

可以分为体育比赛经纪人、体育组织经纪人等。

（三）我国体育经纪人培育现状与问题

现今，我国体育经纪人的数量相对较少，退役运动员是我国体育经纪人的主体，文化程度大多数在本科或者本科以下，虽然充分掌握和了解了相关经济知识与法律知识，但是在具体的操作上熟练程度并不高。除此之外，他们大多数以各类公司的形式存在，我国体育经纪人的主要组织形式是公司法人，并且大多数的公司是兼营体育经纪业务的公关与广告公司，并且这些公司大多数分布在体育产业相对比较活跃，或者经济发达的地区，尤其是上海、北京等地区。

随着我国在 2001 年加入世界贸易组织（World Trade Organization，WTO)，以及对竞技体育职业化改革的不断深入，我国体育经纪人出现了一系列的问题，如数量匮乏、素质普遍不高等。随着时代的发展和体育事业的进步，我国体育界在未来几年对体育经纪人的需求依旧非常庞大。

中国体育经纪人在国内出现的时间并不长，有将近 20 年的时间，发展的道路不仅充满了各种艰辛，还非常坎坷曲折。正奥、香港精英等昔日耀眼的名字已经被人们逐渐地遗忘。与此同时，北京的中篮、广东的鸿天等强势出现，并且缓步稳定和逐渐扩张。由此，我国体育经纪人队伍的升降和沉浮，在一定程度上将我国体育经济业务艰难坎坷地拓展充分地反映了出来。

首先，我国体育经纪人无论是在大的体育环境或者氛围当中，还是在实际的生存环境当中，都不是非常乐观。体育在传统、历史等众多因素的深入影响下，想要在我国成为真正的主流文化，难度是比较大的。美国的高校毕业生在毕业之后，想要成为一名优秀职业运动员的比例是非常高的。在我国虽然有的孩子在体育方面的天赋比较高，但是想要成为一名真正的优秀职业运动员，在众多外部环境的干扰下，如家庭、学校，很难成为一名真正的优秀职业运动员。

其次，由于市场起步较晚，短期的人员上岗培训时间有限，长期的专业人才培养还未见效，且少有资本进入推动，导致优秀经营人才较为匮乏。

稀缺的经营人才、弱小的营销队伍、薄弱的信誉基础，直接导致体育经纪活动的策划、包装、运作水平低下和影响体育经纪业务的拓展。

再次，不健全的体育经纪人管理制度也会在一定程度上对体育经纪人队伍的快速发展产生一些不利的影响。我国体育经纪人和经济活动在现阶段，主要是由工商行政管理部门和国家体育总局共同管理的，除了暂时还未成立正式的体育经纪人行业协会进行更好的协助管理之外，还没有建立起一个良性的行业自律管理机制。与此同时，用行政的方法进行管理、单项协会的管辖范围大等众多因素，不仅限制了部分经纪公司的发展空间，还限制了想为体育产业作出更多贡献的经纪人的施展空间，并且当经纪人遇到困难的时候也得不到相应的保护。另外，俱乐部并不是非常了解体育经纪人这一新兴的行业，从而使得体育经纪人行业的发展道路非常艰难和坎坷。

最后，我国体育经纪人实际的培训现状非常严峻，不容乐观。从形式的角度上来看，我国各个区域经纪人的培养大多数是以短训班的形式出现的，此种短训班很难全面系统地培养出具有高素质的优秀体育经纪人才。从时间的角度上来看，我国各个地区的培训大多数都是临时和不定期举办的，很难长期稳定地充分满足持续增长的体育市场对优秀体育经纪人才的大量需求。从内容的角度上来看，我国各个地区的培训传授的内容大多数是体育经纪人相关的理论知识，同时还传授体育经纪人国外的体育经纪人制度和管理规定，此种比较单一的培训模式也仅仅可以让接受培训的体育经纪人对体育经纪人相关的理论常识有所认识和了解，很难使体育经纪人具有真正实际的经济能力。

（四）我国体育经纪人培育管理改革

1. 建立和完善我国体育经纪人管理体系与机构

我国现行的体育经纪人体系主要是由工商行政与国家体育管理部门共

同管理的，因此需要进一步完善和调整体育经纪人体系，在条件适当的情况下成立体育经纪人行业协会，进行更好的协助管理。

2. 建立和完善法规体系

严格按照体育行业的实际情况与特点，积极建立体育行业经纪人管理法规与规章制度，并且进行相应的完善。在综合考虑和深入探究之后制定《体育经纪人管理条例》，尤其是在可操作性方面的实施细则，具体的内容应该包括：体育经纪人的活动允许范围和禁止行为，体育经纪人社团组织的管理规定，等等。

3. 制定和建立我国体育经纪人的管理措施和制度

制定体育经纪人发展的近期策略、政策，以及远期的策略与政策；对体育经纪人的资格认定以及登记注册程序进行明确；建立科学、合理的体育经纪人考核体制和培训体制；建立人才培育机制和体育经纪人监督管理体制；对信息相互交流和沟通的渠道进行及时有效的疏通；对相关理论开展更加深入研究和探讨，以便于进一步带动和促进我国体育经纪人实践水平的快速提升。

4 突出能力培养，切实抓好体育经纪人的培养、培训

通过在高等院校试办体育经纪人专业和开设体育经纪人培养课程，加快我国体育经纪人的培养速度。努力搞好体育经纪人培训工作，通过"能力本位"教学，切实提高体育经纪人的从业能力。

5. 进一步优化体育经纪人培养环境

通过进一步理顺体育经纪人管理方式、加快体育产业发展、规范体育市场运作、政策扶持等手段，努力创造一种有利于体育经纪人业务开展的宽松环境和施展空间。

第六节　资源保留

一、体育人力资源保留的含义

体育人力资源的保留是指通过各种手段、方法留住所需要的体育人力资源。需要说明的是，体育人力资源的保留并不反对人才的合理流动。流动不是不好，合理的体育人力资源流动对优化人才结构、调整体育人力资源布局、实现人才价值等均具有重要意义，是我们所提倡的。

二、体育人力资源保留措施体系

（一）物质待遇留人

物质待遇留人的内容。物质待遇留人主要包括薪酬和福利两个部分。其主要内容如图 2-6-1 所示。

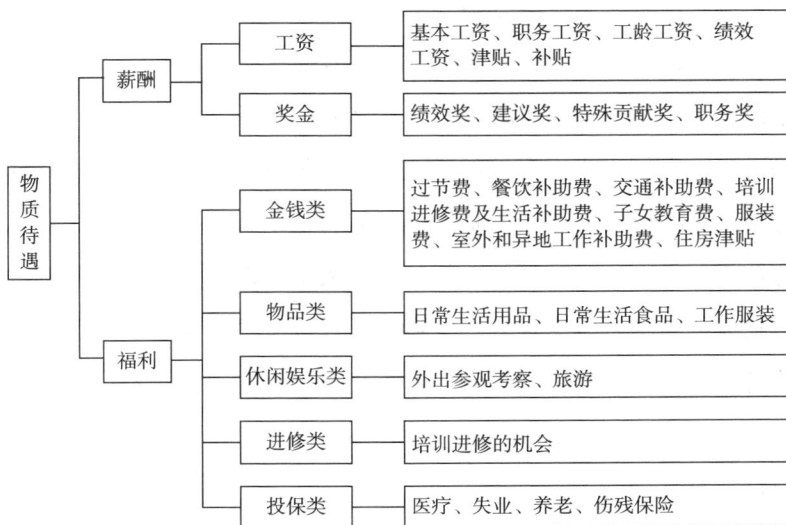

图 2-6-1　物质待遇留人的内容体系

需要说明的是，上述物质待遇留人内容体系可因体育人力资源的类别、体育组织和部门的不同而采取不同的组合形式，不一定非要把所有内容都要包含进去。

（二）事业发展留人

第一，对体育工作的条件与环境进行积极有效的改善。例如，购置各种先进的教学训练设备、建立室内教学场地等。

第二，对工作岗位进行科学、合理的安排。在对体育人力资源特点、兴趣等，以及工作岗位特点综合考虑的重要基础之上，将体育人力资源安排在更加合适的工作岗位上面，以便于让体育经纪人在岗位上将其能力和特长充分发挥出来。

第三，努力保持科学、合理的体育人力资源队伍结构。单位在引进优秀体育人才的过程当中，一定要对引进的优秀人才进行综合性考虑，是否可以真正和单位体育人力资源队伍结构做到优势互补，如学历、职称的结构是否合理。应该最大限度地减少和避免引进和本单位人员结构相似或者相同的体育优秀人员，以免造成严重的内部竞争。

第四，当地政府给予适当的资金、政策等支持。

第五，在对体育人力资源的职业生涯计划综合考虑之后，更好地进行职业生涯计划。所有体育人力资源不仅有自己的人生奋斗目标，并且还有实现奋斗目标的方法、途径等。假如体育人力资源设定的奋斗目标在某个单位有较大的希望可以实现，那么有非常大的可能性留下。因此，管理者应和体育人力资源及时进行十分有效的相互沟通和交流，对体育人力资源的实际情况有更深入的了解和认识，在全面讨论以及充分交流的重要基础上，制订一套非常完整、切实可行的，并且和组织目标相同的计划方案，以便于让体育人力资源在为组织作出贡献的时候，也可以进一步将个人的奋斗目标实现。

第六，对组织发展的美好前景认真的规划。认真做好组织的短期、中期及长期的发展规划，一方面用事业上的宽阔前途吸引预留住优秀的体育人力资源，另一方面用事业的美好前景来吸引与留住更多优秀的体育人力资源。

第七，通过各种方式努力建设优秀的体育组织文化。倡导乐观、开拓进取等体育组织文化，努力打造相互理解、尊重、关心以及支持的良好氛围或者气氛，从而最终形成积极进取和干事创业的一个高质量的良好局面。

（三）制度留人

1. 建立举贤任能制度

众所周知，无论哪个时代用人问题都是非常复杂的问题，并且无论哪个单位对用人问题都非常注重和关注。单位用人得当与否，从实际意义上来说对正确指引和引导人才快速成长，以及进一步稳定人才队伍有着非常紧密的关系，意义重大。

单位用庸人一定会对能人排斥，用局内人一定会对局外人排斥。因此，单位只有对德才兼备的优秀人才重用，才可以真正地将才华出众的优秀人员留住。

2. 建立双向选择制度

市场配置资源的必然要求是双向选择人才。人才在市场经济的条件下，无论是配置还是录用均应该实行双向选择，需要将以前干一行爱一行转变为爱一行干一行。单位在人才录用的问题上需要注意以下两个方面：一是，不录用见异思迁者；二是，不可以大材小用。

其中，前者主要指的是在面对那些好高骛远和频繁跳槽的人员，应该保持一种谨慎和慎重的态度，不可以轻易收留，以免被作为跳板或者中转站。后者主要指的是人才的配置一定要以适才和适位为宜，不一定是档次高就好，高层职位和中下层职位应该分别用一流人才以及中上等人才。

3. 建立竞争上岗制度

脱颖人才的关键和重点是全员聘任和竞争上岗，从而形成一种非常独特的用人机制，即能者上，平者让和庸者下。

4. 建立利益驱动制度

企业应该始终坚持的方针是物质和精神并存，同时实行一流人才和待遇的相关政策，将人才的重要价值性充分体现出来，只有这样才可以将这些优秀的人才更加有效地稳定下来。

5. 建立兼职兼薪制度

从某种意义上来说，单位放开对稳定也是非常有利的。单位不应该过于严格管理高层次人才，这些优秀的高层次人才，只要将其能力与精力在单位当中充分发挥出来，不必过于严格管理，让他们去兼职兼薪和知识致富。换句话来说，"身在曹营心在汉"让单位更加得不偿失。

6. 建立弹性工作制度

知识经济的一个重要特征是分散劳动。上班弹性工作制将得到更加广泛的推行，8小时工作制也将逐渐成为过去。弹性工作一方面对大幅度提升人才工作效率是非常有利的，另一方面也对人才个性自由的充分发挥也是十分有利的。

7. 建立优胜劣汰的竞争激励机制

单位除了应该将能进不能出和能上不能下的局面打破以外，同时也应该将干和不干、干多和干少、干好和干坏一样的格局打破。单位应该对聘任制进行严格的贯彻实施，并且严格管理和考核体育人力资源的工作绩效，通过运采用正确、科学、合理的人才评价机制，对庸才和人才进行有效的区分，从而真正建立起优胜劣汰的机制，进一步实现能者上、平者让和庸者下的用人机制。

（四）社会保障留人

竞技体育具有高投入、高风险、长周期、不确定性和伤残事故多等特点。此外，由于长期以来一直没有处理好运动员学习和训练的关系，从而导致运动员文化素质偏低，进一步带来了运动员退役安置难的问题。这些在一定程度上影响了运动员训练和竞赛的积极性，使一些优秀运动员提前退役。同时也造成了一部分家长不支持子女从事竞技体育训练，从而在一定程度上导致部分项目体育后备人才缺乏。

解决这一问题的重要途径之一就是要建立社会保障制度，一方面解决了运动员的后顾之忧，使他们能安心训练和比赛；另一方面促进了运动员的合理流动和优化配置，保证了运动员的合法权益。

运动员的社会保障体系应由社会保险、就业安置、伤残保险、社会福利和优抚四部分组成[①]。

1. 运动员社会保险

（1）社会保险的内容。运动员社会保险由养老保险、医疗保险、失业保险和伤残保险四个方面所组成。由于失业和伤残保险对运动员显得十分重要，因此把它们作为一个独立的内容进行说明。

（2）社会保险的实施。运动员各项保险费的缴纳应由各运动队或运动员所属机构或组织支付，职业运动员由其所属职业俱乐部支付。在役运动员的养老保险、失业保险和医疗保险依照事业单位人员的做法，由国家财政支付。运动员一旦退役后，这部分保险应纳入到地方社会保险体系中去。

2. 运动员伤残保险

运动员伤残保险主要是由三个不同层次组成的。

一层运动员伤残保险主要是充分适应城镇居民保障，被纳入到整个社会体系当中，是运动员伤残保险的重要基础。因此，一层运动员伤残保险实行的是强制参与。一层运动员伤残保险，无论是保障水平还是保障涉及

---

① 陈林祥，李业武. 我国优秀运动员社会保障体系的研究[J]. 武汉体育学院学报，2002，36（3）：13-14.

面都相对偏低和狭窄，大多数情况下是伤病的保险。

二层运动员伤残保险则建立起全国范围的运动伤残保险，是运动员伤残保险的重点，和一层运动员伤残保险相同，都实行强制参与。

三层运动员伤残保险不仅按照各项运动的项目，还按照各个区域经济发展的实际水平，以及运动员对保险的实际需求，从而建立起以互助与商业保险为主的运动员伤残保险。三层运动员伤残保险是运动员伤残保险的重要补充，和一层、二层运动员伤残保险相比是不同的，实行的是自愿参与以及相关政策的鼓励。

运动员伤残保险的经费来源主要是由体育彩票的公积金、各级政府财政以及运动员按一定比例缴纳三个重要部分构成的。

3. 就业安置

运动员退役安置的途径主要有两种：一是货币安置，二是教育培训。其中，前者又分为两种不同的基本形式：一是一次性货币安置，简单来说就是运动员在退役以后将退役安置费一次性发放，二是运动员在役或者注册期间，较大幅度提升运动员的津贴，从而在退役后自主择业。后者的主要做法是：首先，成立就业指导中心对运动员进行就业指导；其次，加强运动员职业技能培训。首先，要充分利用运动员的自身优势，加强体育技能的学习提高，为在体育行业的就业创造条件。其次，积极进行社会急需职业教育培训，掌握一些必要的专业技能。再次，创造条件，积极选送运动员进入高等院校学习。最后，各级体育行政部门积极做好工商、税收等部门的工作，制定优秀运动员自主择业的优惠政策。

4. 社会优抚和福利

社会优抚是指国家对作出贡献的运动员群体及其家属实行的各种优待、抚恤制度。社会福利由社会补贴、职业福利、住房福利等项目组成。社会补贴包括国家对运动员生活、学习的各种财政补贴；职业福利是根据运动员所从事运动项目的职业特征而制定的相应福利，如服装、生活、休假等；住房福利是指运动员的住房能否与社会住房福利制度相对应，运动员在享受住房福利的同时是否得到特殊的保护政策。

社会优抚和福利的特点是：以一部分运动员及家属作为保障对象；国家财政投入是其保障资金的主要来源；保障标准略高于一般社会成员；优先享受国家提供的各种形式的服务。

（五）感情投资留人

管理者应该和体育人力资源多次进行心之间的相互沟通和交流，有效的感情留人其实是建立在充分相互沟通和交流的重要基础上，管理者只有通过心之间的相互沟通和交流，才可以对体育人力资源多个方面的实际状况，如思想、生活等有更加深入的了解，管理者在感情投资的时候也会更加具有针对性，所以应该时常性地走进和拉近体育人力资源的关系，并且管理者和体育人力资源在心之间进行有效的相互沟通和交流。

对体育人力资源的实际生活，从多个不同的方面进行体谅和关心。例如，对体育人力资源的学习、训练等进行有效关心的同时，也帮助解决遇到的各种问题和困难，时常去看望在外进行学习、比赛的体育人力资源等。

管理者在实际工作的过程当中多一点人情味。例如，可以根据体育人力资源的实际变化，如年龄、身体等适当地减轻体育人力资源的工作负荷；积极鼓励和支持暂时落后的体育人力资源；及时表扬工作过程当中表现非常突出的人力体育人力资源；在晋级、聘任等方面适当倾斜，为体育团队以及组织目标作出巨大贡献，或者额外工作的体育人力资源。

第三章 体育场馆资源

在日常生活中我们发现，体育资源中，体育场馆资源也是一项必不可少的组成部分，因此本章将对体育场馆资源进行系统与详细的论述，主要将从体育场馆的基本概念、体育场馆主要的管理模式、体育场馆资源利用的现状以及体育场馆投资融资策略这四个方面进行阐述。

第一节 基本概念

一、体育场馆的定义

体育场馆，主要指的是非常专业性的场所，人们不仅可以进行各种运动训练和竞赛，同时还可以锻炼身体。从某种程度而言，体育场馆是为了进一步满足运动训练、竞赛，以及广大人民群众各种不相同的消费需要，专门修建的各类运动场所的总称。

现今，我国的体育场馆主要包括体育运动训练过程当中需要的田径棚、运动场等；对社会公众开放并且提供各种不相同类型服务的体育场、游泳馆等；为满足广大人民群众各种休闲娱乐和体育健身需要的健身房、体操房等。

二、体育场馆的属性

（一）体育场馆的产业属性

产业在产业组织理论当中主要指的是存在与发展于社会劳动过程当中，并且将各类生产要素融合为一体，相互制约、相互联系的社会生产要素的基本组织结构体系之一。同时，它也是国民经济以某一标准划分的重要组成部分。产业主要有三个不相同的层次：第一层产业的划分主要是按照同一个商品市场，第二层产业的划分主要是按照技术和工艺的相似性，第三层产业的划分主要是依据经济活动的阶段。

我国在 1985 年正式实施《国民生产总值计算方案》。国家统计局作为国务院直属机构，是主管统计以及国民经济核算工作的，它一项主要职责是通过有效的方式建立健全国民经济核算以及统计指标的体系。

《国民生产总值计算方案》从实际意义上来说，属于政治行政法规的范围，因此在适用的范围内是具有一定法律约束力的。该方案将我国所有的经济活动划分为第一、第二和第三产业，之后在我国三次产业的概念以及划分方法逐渐得到了相应的普及和推广。我国对三次产业的划分如下。

农业是第一产业，包括林业、渔业、畜牧业等。

工业与建筑业是第二产业，工业包括采掘业、制造业以及供给业等。

除上述第一产业和第二产业以外的其他行业是第三产业。第三产业因为包含很多的行业，同时涉及的范围也非常广，所以笔者把第三产业细分为两大部门四个层次。其中，服务与流通部门是第三产业的两大部门。四个层次主要包括社会公共需要服务的部门、生活服务与生产服务的行业、快速提升居民素质以及科学文化水平服务的部门、流通业。

体育场馆在社会与国民经济发展当中的重要地位和作用，从某种意义上来说对体育场馆的产业属性起着十分重要的决定性作用。体育产业在当时被划分到第三产业的第三层次，构成了体育、卫生以及社会福利业。体育产业在当时的具体划分标准当中并没有次级的分类，因此对体育的描述，主要是包括组织、举办的各种室内外体育活动，以及对进行各类室内外活动的场所以及设施的有效管理。

（二）体育场馆的社会公益属性

社会公益从法理学的层面来看，是一个和私人利益相对应的范畴，具有一定的社会客观性与共享性。

客观性主要指的是社会公共利益并不是社会全部成员个人利益的叠加，也不可以理解为个人利益关系基于利益关系，最终产生的共同利益。不管人与人之间存在何种利益关系，社会公益自始至终均是客观存在的，特别是产生于共同体的公共利益。这些利益无论是对公共体整体的发展，还是公共体整体的生存，都会产生非常客观的影响，虽然存在一定的可能性没有被共同体成员十分明确地意识到。

社会共享性主要指的是社会公益的相对普遍性或者非特定性，简单来说就是社会全体成员共享的。社会公益的物质表现形式是公共服务与物品。体育社会公益的物质表现形式是体育场馆，所以体育场馆具有一定的社会公益属性。我国体育场馆的公益属性体现在以下两点。

第一，我国大部分的体育场馆是国家使用社会纳税人的钱以及利用公共土地资源两个方面共同建立起来的。因此，国家不仅有责任，也有义务充分保障社会纳税人最基本的权益。2003年颁布了《公共文化体育设施条例》，通过法规的形式，对公共体育设施的公益性进行了再次强调。

第二，体育场馆的服务内容需要和我国建设小康、和谐社会的客观要求相适应。国家通过各种方式促进社会平等，对国家的根本利益进行充分的保护，建立完善、有效的完整社会保障体系，低价甚至免费向弱势群体提供与其相对应的服务，从某种意义上来说是有效改善以及快速提升广大人民群众整体利益、基本福利的一种社会职能的具体体现。例如，国防、学校体育等以服务国家成体力为提倡的相关服务内容，体育场馆的服务活动应该将公益性充分地展现出来。

（三）体育场馆的商品属性

体育场馆从某种意义上来说也是一种商品，只有将之作为真正的商品，才可以对体育场馆进行更加深入的研究、分析与探索，才可以更好地解决体育场馆当中存在的诸多问题，否则很难将体育场馆当中问题的症结所在找出来。

体育场馆作为商品，就一定具有自己的消费者与生产者。因此，体育场馆具有其自身的相关特性。

第一，体育场馆只存在个体消费者，不存在个体购买。主要原因在于对个体而言，体育场馆的价格是非常昂贵的，并且对于个体来说也没有购买的必要。

第二，体育场馆的经营管理活动，一方面属于服务类商品，另一方面是无形的消费品。虽然人们在此种活动过程当中的体育场馆设施、器材等部分要素是有形的，但这些要素仅仅是真正实施体育消费过程当中依靠的相关工具，如若没有体育消费的过程，那么这些有形的物质要素，也就没有真正的实际意义。实际上，消费者的具体消费过程并不具有实物形态，如长度、重量等，类似于旅游与酒店服务的消费过程，并不会出现物质产品所有权转移。因此，体育场馆的生产、交换以及消费过程是在同一个时间内发生的。在体育场馆的具体消费过程，实际上就是消费者观赏或欣赏体育表演，以及参与各种体育健身娱乐活动的具体过程。需要注意的是，当活动一旦结束，无论是体育场馆的作用，还是体育场馆的功能，都会随之消失。

第三，体育场馆存在着可以让多人多次共同消费的独特特点，具体来说就是体育场馆的消费者实际上是一个群体，所以吸引更多的人来体育场馆消费，是所有体育场馆存在的重要基础与关键前提。体育场馆想要让更多的人来消费，不仅要开展较多经营项目的同时，无论是管理还是服务都要好，只有这样人们才会乐意在体育场馆当中消费。

第四，体育场馆因为受到多种不同因素的影响，如管理能力、服务水平等，导致提供的服务质量存在不确定性。体育消费者在参与各种不相同类型的体育健身活动，以及观赏或者欣赏体育表演的具体过程当中，体育消费者身体的心理活动能力和技能水平，既存在一定的可能受到负面制约，又存在一定的可能得到良好的发展。

综上所述，体育场馆因为具有一定的商品属性，所以无论是体育场馆的设计还是体育场馆的建设，均应该和市场的实际需求相符合。体育场馆只有对投入和产出的社会、经济效益非常重视和关注，才可以更好地生存和发展下去。体育场馆作为一个非常大的项目，假如没有科学、正确、合理的依据与决策，不仅会造成人力、物力的浪费，也会使财力遭到巨大的浪费，从而给国家造成非常大的损失。所以，只有让体育场馆经营管理模式和市场的实际需求充分相符合，才可以设计和建造出更好的体育场馆。

第二节　主要管理模式

一、职业俱乐部自营体育场馆模式

（一）欧洲职业足球俱乐部经营管理模式

俱乐部代表着一种组织制度，大多数情况下传统意义上的俱乐部是会员制。会员需要在俱乐部当中缴纳会费，通过民主的方式选举管理层，并且制定相关的规章制度，大多数会员活动的范围是封闭的。1855 年，谢菲尔德足球俱乐部正式成立，它是世界上第一个成立的足球俱乐部。之后，在此影响下，欧洲各国先后出现了各种不同类型的俱乐部。

娱乐项目随着时代的发展逐渐平民化，特别是当代体育在商品经济的强烈冲击下，逐渐走向市场的过程当中传统意义上的俱乐部，特别是足球俱乐部已经无法和高风险、高投入以及高回报的市场环境相符合。足球俱乐部无论是运行能力还是管理制度，在改进的时候已经和公司制度非常相似，如称呼俱乐部的领导人为董事长、总经理等。

欧洲从 20 世纪 50 年代起掀起了足球职业化的高潮和热潮，欧洲的多个国家，如法国、意大利等，足球运动员转会市场的规模逐渐被扩大，足球俱乐部随着球员的频繁流动，比赛也变得越来越激烈和紧张，先后创设出超级杯赛、中级杯赛等大型比赛，欧洲的这些做法对亚洲、非洲等产生了一定的影响，亚洲、非洲先后效仿，从而在全球范围内建立起了相对比较完整和健全的竞赛体系。

足球运动员市场在美洲与欧洲市场的带动下，在全球范围内建立起来。与此同时，没有开展职业足球活动国家的运动员先后加入欧洲足球俱乐部。为了进一步有效规范足球运动员的频繁流动，在制定出相应法律法规的同时，俱乐部与足协也先后建立了充分适合自身发展的组织机构，并且经过不断的发展逐渐形成职业化的管理体系。高度职业化让足球成为一种非常独特的产业，通过足球比赛的魅力获得更多的发展经费，从而最终促进和推动足球的快速发展，让足球运动的水平得到较大幅度的全方位提升。

任何一个职业体育俱乐部都是一个独立经营的实体。职业体育俱乐部类生存的重要基础是经营活动。同时，经营活动也是职业体育俱乐部经济上独立核算、自负盈亏以及实行合同制的重要先决条件以及保障。走市场和体育相结合的独特道路，对职业体育俱乐部实行企业化管理，并且严格按照市场经济的三大基本法则（竞争、价格与供需），来开展和组织各种相关的经营活动，是职业体育俱乐部经营活动的主要特点。

职业体育俱乐部主要的商品有两种：一是运动员比赛；二是伴随比赛产生的各种不相同的衍生产品。

职业体育俱乐部经营的目的有两个：一是努力创收，从而更好地解决运动员的各种问题，如生计、训练等；二是将经济作为杠杆，促进运动员运动水平大幅度的提升，最终在比赛的过程当中获得更好的比赛成绩，为俱乐部及自身创造更大的价值。除此之外，营利性职业体育俱乐部更为重要的一个关键目的，是为俱乐部的老板获得更多的利润和收益。

职业联赛俱乐部具有非常悠久的历史，并且它的制度也非常完善，因此在其影响下，产生了一大批有着世界影响力的俱乐部主体育场，甚至有的体育场已经完全融入到当地的城市文化当中，成为一道亮丽的风景线，如利物浦队主场安菲尔德体育场等，每一个体育场均是完全商业化的足球场。

（二）中国足球职业俱乐部模式发展概况

企业自办的俱乐部、和政府联办的合作型俱乐部以及股份制俱乐部是我国当前俱乐部的三种主要类型。

中国从 1994 年开始了足球职业化改革之路，王俊生先生作为前足协主席，在成都市体育中心正式宣布了首届中国职业足球甲级联赛的开始。中国足协和国际管理集团（IMG）正式签约，用 1000 万元将甲 A 联赛正式让出。与此同时，甲 A12 支球队分别获得 70 万元的启动资金，把甲 A 联赛冠名为万宝路职业联赛，出让境外的电视转播权以及一些广告的经营权等。

我国足球改革核心内容中最关键和重要的一个环节是大连万达足球队。大连万达足球俱乐部在 1995 年 1 月 25 日正式签约，这是我国第一个真正意义上的职业化足球俱乐部。万达俱乐部在管理的过程当中实行的是企业化管理，同时它也是具有独立法人资格的高度实体化以及专业化的俱乐部。董事会是万达俱乐部的最高权力机构，它拥有多个方面的权利，如人事任免权、资金使用权等。一直到 1995 年末，中国职业化足球在经过不断地进一步的深入研究和探索以后，终于在坎坷曲折的道路中诞生，并且逐渐成长起来，与此同时也开始真正的实施足球产业开发的各种相关的实际行动。

我国的足球市场在经过多年的市场运作之后，其状态呈现出一种快速发展，并且初具规模的良好局面，其中以职业化和社会化为主要特征的足球俱乐部先后建立是其主要表现。各俱乐部先后建立了与其相对应的管理和组织机构，逐渐形成了多种收入渠道，如门票、转会费等，使俱乐部的正常运行得到了充分的确保和保障。

社会各界的大力支持，尤其是企业界的热情资助和支持，不仅对俱乐部的生存有着十分关键的促进作用，同时对俱乐部的发展也起到了极为重要的积极作用。中国职业足球甲 A 联赛在 2004 年成功升格为超级联赛，与此同时也成立了中超公司，这也在一定程度上标志着我国足球的职业化正式进入了一个全新的时期。因此，在当时大部分的城市将顶级联赛足球队当作引以为荣的有形资产，大家对"城市的象征""城市的名片"等诸多提法接受度非常的高，并且普遍认可，在此影响下足球运动员一夜之间成为了某些城市的英雄。足球俱乐部在这种非常狂热和躁动的相关背景下，当地政府对投资者非常重视和关注，众多的投资者将足球作为投资之一，向当地政府换取更多的经济利益，也成了他们打的如意算盘。

"钱"从职业俱乐部成立的第一天开始，就是把职业运动员和俱乐部管理者紧密联系在一起的重要因素，不可忽视，与职业俱乐部的全方位快速发展的规律相符合。从企业的角度来看，体育职业俱乐部无论是在经营方面还是在管理方面，都受到了多个方面的制约和束缚。在此影响下，中国很难出现完全由投资者掌握，以及独立于地方行政体制外的职业体育俱乐部，即便是出现了，在具体实际的运行过程当中也会遇到非常大的困难和挑战，道路非常坎坷崎岖。

当前我国体育的现有制度，从某种程度而言决定了体育俱乐部需要依靠体育局与当地政府，才有一定的可能得到较好的发展。和国外职业体育俱乐部发展相比较，这是独属于我国的特殊模式，假如离开了体育局与当地政府，体育俱乐部是不可能存在的。

二、国家和政府公共体育场馆

（一）北京国家奥林匹克体育中心

如图 3-2-1 所示，国家奥林匹克体育中心（National Olympic Sports Center）位于我国的首都北京，始建于 1986 年，并且在 1990 年北京亚运会前夕建成正式投入使用。国家奥林匹克体育中心作为体育公园和体育基地，以一种非常巧妙的方式将全民健身、休闲娱乐以及竞赛训练有机地融为一体。国家奥林匹克体育中心建设占地 66 公顷，主要设施包括体育场、多种球类训练馆等。

图 3-2-1　北京国家奥林匹克体育中心

体育场位于国家奥林匹克体育中心内，是我国为了更好地迎接第 11 届北京亚运会建设的一座大型室内体育场馆，场馆的面积大约为 2 万平方米，可以将 18 000 名观众容纳其中。国家对体育场的全面改造投资了 2200 万元，如更换地板、玻璃和改建更衣室、按摩室等。场馆还为了使各项通信要求得到充分的满足，还配备了宽带网、光纤通信等。

从功能上来说，北京国家奥林匹克体育中心不仅仅是比赛场馆，而且是国家体育总局重要的训练基地。为优秀国家运动集训队做好竞训保障，无疑是北京国家奥林匹克体育中心的首要职能。北京国家奥林匹克体育中心领导班子在各种会议上多次强调，对国家队的竞训保障，是北京国家奥林匹克体育中心的首要任务，一定要不折不扣地执行。

目前，跆拳道、击剑、射箭、网球、足球等俱乐部相继在北京国家奥林匹克体育中心的各场馆安家落户，真正体现了以体为主，一馆（场）一品。北京国家奥林匹克体育中心还推出了"健康一卡通"。持"健康一卡通"可在中心各场馆、公寓及合作单位进行健身、购物、住宿等消费。

（二）上海卢湾体育馆

上海卢湾体育馆在 1997 年正式建成，占地面积多达 7000 平方米，投资额为 1.7 亿元，可以将 3500 名观众容纳其中，其中主馆可以承办多种不同的赛事，如手球、篮球等，并且是上海东方大鲨鱼篮球队的主要训练场。把竞赛与商业的空间以一种非常巧妙的方式有机组合在一起，是该体育馆最具有突破性的设计理念，把体育馆整体抬高，尽可能地为底层争取较为完整的商业空间。因为上海卢湾体育馆只有一面（南面）是面临商业街的，同时场馆儿的进深又相对偏大，所以在招商业态选择过程当中零散的商铺业态是不合适的，必须具有一定的针对性。

乐购在上海最具人气的五大超市当中名列第二，因此上海卢湾体育馆将乐购超市引入其中，把体育馆和超市巧妙有机地融合在一起，是一种非常好的探索。卢湾体育馆在用地相对紧张的上海市当中，把比赛场馆安排在第二层，一方面增加了体育馆的气势，另一方面又有效地避免了商业与观赛人流的相互冲突。

三、国家与职业俱乐部共营的体育场馆

（一）圣西罗足球场

图 3-2-2 所示，是欧洲意大利最为著名的球场是圣西罗足球场，与此同时圣西罗足球场也是国际米兰俱乐部、米兰市政府以及 AC 米兰俱乐部共有的。

图 3-2-2　圣西罗足球场

圣西罗足球场是用米兰邻近的教堂命名的，诞生于 1926 年，一开始有 10 000 个座位，在 1939 年第二次扩建以后座位数增加到 55 000 个，1989 年的第三次扩建，座位数增加到 85 700 个，其目的是更好地迎接在意大利举行的第 14 届世界杯赛。

圣西罗足球场作为第 14 届世界杯赛的重要开幕式场地，米兰市政府高度重视，大约投入了 6000 万英镑的费用用于圣西罗球场的扩建工程。

随着时代的发展，圣西罗足球场归米兰市政府、AC米兰俱乐部以及国际米兰俱乐部共同所有。

（二）阿尔卑足球的改革

法律主体的模糊性带来在经营思路上面的强烈冲突，是职业俱乐部和国家共同经营体育场馆最大的矛盾。想要将这一矛盾的核心进行有效解决，就需要对体育场馆的法人主体进行有效的清晰明确。假如体育场馆归政府所有，俱乐部就是承租人的身份，租用适合俱乐部经营的体育场馆是俱乐部的主要任务。若体育场馆归俱乐部所有，那么政府不应该对俱乐部经营的思路有过多的干预，只有这样国家和职业俱乐部才可以各得其所。

意大利足球甲级联赛劲旅尤文图斯队的主场德尔·阿尔卑足球场是意大利专门为1990年的世界杯建造的，归都灵市政府所有。阿尔卑足球场和圣西罗足球场相比，并非专业的足球场，尤其跑道对观看比赛的气氛产生了非常直接的影响。除此之外，都灵市本身人口数量较少，即使有豪门球队的比赛，大多数情况下球场也无法被坐满。

尤文图斯足球俱乐部为改变这种不良状况和局面，计划将之改造成一个综合性娱乐中心，其中以足球场为主。因此，都灵市政府与尤文图斯足球俱乐部在经过相互沟通之后达成最终的协议，尤文图斯足球俱乐部用2400万欧元换取足球场99年的使用权，同时在2003年签署租用协议。另外，尤文图斯足球俱乐部准备投资1.1亿欧元用于全面改造德尔·阿尔卑足球场，改造后的球场让球迷在观看球赛的时候，还能够享受由场馆提供的优质服务，如餐饮、购物等。

从原来都灵队和尤文图斯队共同使用阿尔卑足球场转变为都灵队将市政府足球场作为主场，尤文图斯足球俱乐部长期驻扎于阿尔卑足球场，从某种意义上来说，这也为俱乐部和政府合营体育场馆带来了一条全新的思路。简单来说，就是政府将体育场馆的长期使用权让出，俱乐部对体育场馆长期的投资才有一定的可能获得收益。无论是体育场馆的日常维护还是体育场馆的改建，都需要非常大量的资金，体育场馆的投资回收是一种比较长期的行为，所以俱乐部只有获得体育场馆比较长期的使用权以后，才有一定的可能进行长期的投资，此种思路和方法对俱乐部和政府来说是一项双赢的投资。政府既能够免掉体育场馆日常维护的财政压力，并且也能够获得一笔场馆租借费用，俱乐部也能够获得长期稳定的投资环境。

四、学校与社区类体育场馆

在国外体育运动开展得非常普遍，所以无论是社区体育场馆还是学校体育场馆，已经发展得相对比较完善和健全。例如，美国标准的社区体育中心，不仅有室外运动场所，还有室内运动场所，这些室内外场所可以开展十多种不同的运动，并且较为富裕城市的社区体育中心还有骑马、飞行等相关体育设施。美国社区体育中心大部分的场所是免费对公众开放的，与此同时美国还有部分体育场所是营利性的，其中有很少一部分私人俱乐部性质的高级运动场所收费比较昂贵。

大部分的体育场所是面向大众的，如滑雪、冲浪等运动在美国收费并不昂贵，美国有很多高尔夫球场，仅洛杉矶市就有上百个球场，为了吸引更多的顾客到球场，大多数情况下将薄利多销作为球场最主要的手段，练习场所和正式场地的收费标准分别为 100 个高尔夫球 8 美元左右，18 个洞一天几十美元。美国为了进一步满足白领阶层的各种运动需要，在很多个城市专门开设了室内游泳馆、健身房等众多的健身连锁店，同时为健身连锁店配备专业的教练。普通会员的收费标准在 20 美元到 30 美元左右，大部分的人都可以消费得起，占上班族平均月收入的 1% 还不到。

我国大多数企事业单位或者学校的体育馆长时间以来，主要用于自己单位使用，大多数处于一种闲置的状态，很难充分发挥现有设施的重要作用，同时也很难进一步展现政府的投资效益，既对公共体育资源的合理配置不利，也是非常不利于资源的共享。另外，此类对体育设施实行封闭式管理运行，从某种意义上来说严重阻碍了城市公共体育设施建设的整体规划。

（一）高校体育场馆

当前，我国大多数高校都具有一定数量的体育场馆，并且大部分是中小型体育场馆，其主要目的不仅是满足校内学生上课的实际需要，同时也是进一步满足部分专业训练的实际需求。校内的大型体育场馆基本上是作为综合馆来使用的，主要是在篮球馆的相关基础上，有效兼顾其他球类场馆的功能开发。高校体育场馆在实际使用的过程当中，因为相关管理制度或者配套设施的严重制约或束缚，高校体育场馆的主要作用是为学校的一系列大型活动提供服务，或者举办地区性的运动会等。高校体育场馆可以有足够的能力，承接国际单项比赛或者全国性比赛的数量还是比较少的。

高校体育场馆站在信息和人力资源的角度来看，实际上是具有一定优势的。

我国一所在校生高达万人，并且没有体育院系的高校，配置的体育教师为30人左右。这些体育教师大多数是本科以上学历，学科专业也相对比较健全，部分教师在运动科研水平或者训练水平方面也还是比较高的。除此之外，有的高校还专门设立了体育院系，体育院系的学生通常在专业水平方面和别的专业学生相比是相对偏高的，即便有的高校没有设立体育院系，大多数也都设立了学生体育社团或者体育俱乐部，其中的骨干力量在体育运动水平与能力方面也是相对较高的。由此可见，高校体育不管是在人力资源的质量上，还是在人力资源的数量上，优势是比较明显的。

高校体育从体育信息资源的角度来看，组织和开展各种不相同类型的体育活动，以及促进和推动体育事业快速发展，都需要非常大量的信息，如政府的政策法规信息，体育组织的经营管理者信息等。一方面，高校体育经过多年的发展，有多年的积累过程，在体育教学、体育训练以及体育组织上有一整套非常完整的基本经验。另一方面，体育教师不仅在实践运用方面有着较强的能力，还有非常丰富的体育基本理论知识，相关体育组织在管理经验方面也较为充裕，体育部门、社团以及相关宣传部门充分掌握和全面了解了相关信息，如体育发展动态、体育赛事等。因此，可以通过各种不同的方式，如学术讲座、课堂教学等对学生进行及时的广泛宣传与报道，并且这些信息均是其他行业，尤其是社会公众无法及时快速掌握和了解的。

高校体育在资源上具有多方面的优势，如场馆设施、信息与人力等，不仅为高校体育更好地服务于社会提供了非常重要和关键的物质基础，同时还使服务内容的广泛性得到了有效的保障。当前，国际上的通用做法是高校体育场地、相关设施等在充分保证学校使用的重要前提下，对社会公众普遍开放。与此同时，高校体育场馆在对社会公众开放的过程当中也有很多的问题。

第一，松散的管理。教学管理是高校的主要职能，因此很难腾出更多的时间和精力对场馆进行管理，同时也不太可能安排专职人员从事专门的管理工作。进入高校的健身人员时间并不统一，并且流动性也非常大，无法充分把握和了解人员的整体情况，很难全面有效监督与监控人员。当前，政府暂未出台相关的管理政策法规，高校在处理某一问题的过程当中缺乏相关的政策依据。例如，进入高校的健身人员在锻炼的过程当中出现意外人身伤害以后，非常容易和高校在责任方面产生纠纷，很难保证高校正当的利益与正常教学秩序。

第二，支出负担加重。高校体育场馆虽然是对社会公众免费开放的，实际上也会收取非常少量的费用，从而为更多的人民群众提供非常重要的体育健身机会，受到了人们的广泛好评，但是从高校的角度来看，给经费支出造成了非常大的负担，导致高校的支出负担过重，如设备维护费用、管理人员工资等，对高校体育场馆面向社会公众开放的积极性产生了极为不利的影响。

第三，安全隐患。财产安全，如校园电教设备等设施安全，以及体育场馆等体育设施安全；人身安全，特别是高校大学生的人身安全。做好高校体育场馆对社会公众开放工作的关键与重要环节是，高校通过各种不相同的方式努力消除安全隐患。

因此，需要高校和政府双方协商，更加有针对性地解决上述问题。当前，我国已经有多个省市，如北京、广东等先后颁布相关政府文件，积极促进学校向广大人民群众敞开健身的大门。将学校体育场馆对外开放的具体操作程序，以及相关的考核办法进行明确。另外，对学校体育场馆的管理措施与开放方式进行不断的完善和调整，以便于学校和群众双方之间的正当权益得到更好的维护。

（二）社区类体育场馆

社会发展的必然产物是社区体育。欧洲人生活在社区的时间每年大约有 4/5，其中经常参加各类体育活动的人有一半，并且有 40% 左右的欧洲人是体育俱乐部的相关成员。从 20 世纪 80 年代之后，德国、意大利等欧洲国家为了可以更好、更快适应这一生活方式的变化，对体育场馆建设的布局进行了不同程度的调整，将以城市和大型体育场馆为中心的思想进行了改变，最后经过调整形成了以社区和中小型区场馆为主的指导思想。在社区建设体育场馆，为更多的群众积极参与体育锻炼创造了非常有利的条件。社区场馆向社会大众开放的时间是每天的早上 5 点到晚上的 12 点。

德国、意大利等欧洲国家近几年在部分新城区和老城区建设、改造的过程当中，经常将体育场馆和小区绿地开发、城市公园建设以一种巧妙的方式结合，最终形成了一种非常独特的场园一体化发展格局。这种把体育、娱乐、园林绿化等巧妙结合在一起的独特做法，一方面能够充分满足不同锻炼项目人群的各种不相同需求，另一方面又能够使土地以及公共设施的综合利用率得到较大幅度的提升。由此可见，此种建设思想具有一定的革命性。在此影响下，日本、韩国等越来越多的国家开始走场园一体化的发展道路。

美国洛杉矶市西克亚那区作为一个仅仅拥有 10 万人的小区，其中公益性的足球场、篮球场以及棒球场分别有 60 个、124 个以及 99 个，营利性和公益性相比数量偏少，有 60 个营利性的体育健身俱乐部。体育场馆大多数是由国家建设的，并且主要建设在学校、公园等当中。与此同时，还有部分非营利性以及私人的体育场地设施。当前，洛杉矶在新建住宅区的时候就会为建设体育中心与公园留出相应的空地，由政府投资建设和管理体育中心与公园，从而让更多的公民使用。

1995 年颁布的《全民健身计划纲要》当中，将积极组织和开展各种社区体育活动列为最重要的一条，进行了有效的明确。1997 年出台的《关于加强城市社区体育工作的意见》，初步确定了我国的社区体育，对进一步发展我国城市社区体育的重要基本方针进行了有效的确定。之后颁布的《2001—2010 年体育改革与发展纲要》，全面提出了在这样一个全新的时期，我国关于城市体育以社区为重点的一系列规划和构想。这一切的规划和构想，从某种程度而言和我国在重要的经济转轨时期，社会职能逐渐增强的趋势完全相顺应、符合，并且这也是社会体育发展在体育社会化和生活化相关背景下的必然选择。这些相关政策法规和文件的出台，一方面为我国社区体育场馆的快速发展打下了非常重要的坚实基础，另一方面也为我国社区体育场馆的快速发展提供了有强有力的充分保障。

第三节　资源利用现状

一、我国体育场馆的供求现状分析

众所周知，我国的国土面积排名世界第三，虽然地域非常辽阔，但各区域在社会经济发展水平上存在很大的差异。我国东南沿海较为发达地区，体育市场发展的阻碍因素，主要体现在产品的质量与结构上，无法进一步满足广大人民群众逐渐增长的多层次以及多样化的体育消费的实际需求。公共体育场馆价格偏高和居民消费水平偏低，两者之间的矛盾造成有效需求不足，是限制和制约相对落后地区体育市场发展的重要因素。

除此之外，我国公共体育场馆供给的数量严重不足，极度缺乏，还无法充分满足广大人民群众的各种不相同需求。站在供给的层面来看，我国当前公共体育场馆在整体上的表现是有效供给不足，进一步提高场馆的增量以及对场馆存量进行优化，是有效解决这一问题的必然选择，并且这也涉及怎样快速增加公共体育场馆有效供给的问题。我国当前处于体育市场发展的初步阶段，因此需要通过各种努力提升体育场馆相关设施，特别是公共体育场馆相关设施的供给能力从某种程度而言是非常重要和关键的。体育产业在发展的过程当中，应该对供给非常重视和强调，从而进一步满足广大人民群众对体育产品以及服务逐渐增长的多层次，多样化的实际需求。

（一）我国体育场馆供给现状

我国广大的人民群众对体育活动场所的满意程度相对偏低，感到满意、一般、不满意的分别占10.3%、37.9%和51.8%。因此，不断加大体育场馆在建设方面的力度，尽可能多地使用现有的体育场馆，事实上是广泛普及广大人民群众健身运动，促使我国广大人民群众健康水平得到有效提升的一项非常重要的关键措施。

1. 体育场馆的分布状况

当前，教育体系所拥有的体育场地数量占全国总数的近三分之二。其中，虽然中小学体育场地占总数的一半，数量最多，但是无论是从档次、质量还是规模来看，都相对偏低，所以进行大规模的开放经营难度是比较大的。同时，这也将我国体育场馆整体供给能力严重不足的问题，充分反映了出来。

体育场地数量从行政区划来看，广东省是最多，占全国总数的9.1%，体育场地数量高达77 589个，非标准和标准的体育场地分别是19 518个、58 071个。西藏自治区的体育场地数量为1057个，数量最少，仅仅占全国总数的0.12%，非标准和标准的体育场地分别是336个、721个。东部地区和中西部地区属于经济发达的地区，在体育场地上的资金投入、数量等均高于中西部，同时城市又高于农村，对经济不发达地区以及农民运动的组织和开展有着非常明显的制约和束缚。

2. 体育场地人均情况分析

我国人均区域场地面积虽然有一定程度的提升，但是人均面积仅1.03平方米，无法充分满足市场的实际需求，所以一些场馆在黄金时段会出现场地难求的局面，人均区域场地面积依旧有很大的提升空间。

3. 产权性质类别分析

随着经济全球化趋势的不断深入，我国社会主义市场经济也进一步发展。在体育场地建设的过程当中，还应该积极鼓励和大力支持多种经济成分的有效介入，以促进和推动体育产业的高速发展。

（二）我国体育馆场馆需求现状

1. 体育消费动机分析

我国体育人口当中，参与体育活动的动机排名前三位的依次是：第一，增强体质和保持健康；第二，消遣娱乐以及培养意志品质；第三，增加社交的机会，和同伴、朋友进行相互交流和沟通。另外，也有一些人是为了让自身的运动能力得到进一步的提升，以及延续在学生时代形成的良好体育习惯。

对人们参与体育活动产生影响的因素主要包括缺少时间、场地设施，精力不足等。

现在体育消费的主体是老人与学生，原因在于学生与老人有非常充足的时间，他们可以将充足的时间投入到休闲娱乐以及体育锻炼当中，进行更好的锻炼。我国当前体育人口年龄结构分布呈现两端高、中间低的马鞍形。由此可知，影响体育消费的重要因素之一是时间。

2. 大众体育消费内容和消费场所

体育辅导站、体育中心等是我国城乡居民最主要的体育活动点。通常情况下，这些活动点的活动项目常年保持不变，占全国总数的 78.2%，其中有 13.5%、8.3% 的活动点，随着季节以及体育潮流的趋势的变化产生相应的变化。

一些体育活动项目以及活动点在地点与时间上也不会随着季节的以及体育潮流趋势的变化产生变化，一般情况下常年保持不变，原因在于现在的体育场馆有着非常好的环境设施，能够全天候向社会免费开放的同时，也不会受到气象条件和气候条件的影响。同时，在室内活动能够最大限度地减少和避免扰民现象的发生，并且对于老年人来说是一个非常好的锻炼聚集场所。

社区、单位和学校虽然拥有体育设施，但相对来说比较封闭，一些场馆开放的目的又带有一定的营利性。同时，城乡居民充分利用体育设施进行各种体育活动的意识比较淡薄，所以非正规体育场所，如公园、街头巷尾等依旧是我国城乡居民体育活动点的主要场所。

二、制约体育场馆开发的因素分析

（一）产权归属问题

严重制约和束缚我国体育场馆开发的一个重要桎梏是产权不清晰，在我国基本上是国家投资体育场馆，这就导致了体育场馆投资主体的单一性。公共体育场馆作为国有资产的组成部分，政府不仅拥有公共体育场馆资产的所有权，同时各级体育主管部门也是公共体育场馆的相关经营者。公共体育场馆的经营权和所有权依旧在一起，政事与政资不分，管办合一，公共体育场馆的管理运营模式，大多数情况下是处于一个事业型与福利型的管理经营阶段，公共体育场馆的维护费用非常高，同时经济效益也非常差，管理水平相对来说比较粗放，在具体经营的过程当中缺乏一定的独立自主性。

政府需要积极努力构建公共体育场馆的运营主体，对公共体育场馆法人财产权的重要定位进行有效明确，使公共体育场馆的经营管理者、劳动者和场馆及自身的利益紧密联系在一起，监督机构与政府不可以对其公共体育场馆法人的财产进行直接分配，有效实现场馆的高效率、高水准的良好运营。

政府相关部门应该出台进一步推动和促进场馆经营产权深入改革的一系列相关制度、政策与法规，通过运用场馆融资多元化的独特运营模式，从而让更多的社会力量有效介入场馆建设的管理运营过程，并且始终坚持谁投资，谁所有以及谁受益的重要原则，对产权之间的关系进行有效的明确和清楚的理顺，实现场馆经营权、所有权的分离，对场馆管理运营的全新模式和道路进行积极的研究、探索和创新。

（二）经营管理者观念滞后

有一些场馆的经营管理者观念相对来说比较陈旧，"等、靠、要"的思想根深蒂固是场馆经营管理者的主要表现。众所周知，体育场馆属于事业单位的范畴，长时间以来主要由财政差额拨款，这些体育场馆在面对非常激烈市场竞争的时候，他们普遍认为和感觉，不仅困难非常的多，压力还比较大，并且在信心方面严重不足。

除此之外，体育场馆在以前属于非常稀缺的国有资源，同时因体育场馆非常独特的城市文化功能，它还具有一定的社会需求，所以体育场馆经营管理者在长时间经营管理过程当中，非常害怕承担经营的风险，对市场不敢进行全面的有效拓展，同时也不可能对各种社会资源进行充分的挖掘以及有效的利用。

体育场馆经营管理者在设置体育场馆的内部机构上面，内部的管理部门设置得比较多，面向外部的管理部门相对较少，如开发、营销等，有的体育场馆甚至都没有设置这些部门。

（三）从业人员素质良莠不齐

随着经济全球化趋势的不断深入，我国现代市场经济中的竞争日益激烈，企业的市场营销和专业管理，对企业的效益起着非常重要的决定性作用。制约和束缚场馆水平大幅度提升的重要因素是经营管理人才。实际上，公共体育场馆的工作人员大多数来自体育系统内部，有退役运动员或者无法真正胜任原来工作岗位的相关人员。这些工作人员虽然在知识结构上的体育专业性非常明显，但是在体育营销和管理方面的知识非常缺乏，从而使得无论对体育市场经济的相关政策，还是对理论知识的研究深度和广度都不够，导致经营管理工作缺乏相应的力度，同时经营管理办法非常滞后，无法及时有效地传达和实施，管理制度也不先进和完善。

一些经营管理制度没有与之相对应的管理法则以及具体的实施细则，导致管理效果与水平非常的参差不齐，经营开发和经营管理无法有效地协调快速发展，使得公共体育场馆在具体经营的过程当中没有办法趋向于更加合理的市场化运作。公共体育场馆在实际经营的过程当中，大多数情况下是等上面下达相关任务，并且严格按照计划经济的相关模式运作，在管理运营方面非常缺乏创新。公共体育场馆经营从业人员，因为在业务素质以及自身文化水平方面来说普遍相对偏低，使得公共体育场馆在具体经营的过程当中思路乏善可陈，经常采用单一化的经营手段，公共体育场馆的服务内容非常狭窄，在服务创新方面的能力并不强。

除此之外，我国教育体系长期没有设立专门培养优秀体育经营人才的专业和院校，全面培养优秀体育经营人才的专业书籍也非常缺少，并且体育人员在高校课程设置的深入影响下，在法律、经济等方面的知识普遍缺乏。同时，还有部分体育从业人员不具备经济和体育专业背景，在健身娱乐方面的专业知识也较为缺乏，以上这些均在一定程度上对我国体育场所的快速发展产生一定的限制。

（四）体育场馆的功能设计与地理位置选择不当

在高度集中的计划经济体制下我国的大中型体育场馆建设快速发展起来，不仅带有高度的福利性，同时还具有一定的公益性。我国大中型体育场馆建设的主要经费来源是国家财政拨款，以及对各个行业系统的支出。由国家对经费进行统一的规划管理。国家通过指令性计划的方式对资金进行有效的配置。这种比较单一的融资方式，使得国家的财政负担大幅度增加，国家财政负担过重。因为体育场馆的建设规模非常大，资金投入的力度又不够，这就使得建设水平很难真正满足体育场馆充分使用的各种不相同需求。

大多数情况下，公共体育场馆是专门为了国内外比赛设计和建造的，功能性相对比较单一，对观赏性和实用性非常注重，严重忽略了对社会公众开放的营利性。公共体育场馆在实际经营的过程当中无法充分按照市场的各种不相同需求的变化，对全新的项目进行积极的开发，真正用于体育锻炼的面积基本不到建筑总面积的 10%，公共体育场馆将大部分的费用，用在看台附属的设施上，使用率相对偏低。

假如锻炼者和体育活动场地的距离过远，超过了 20 分钟的路程，那么对锻炼者而言，体育活动场地就失去了对活动主体的巨大吸引力。影响体育活动场所使用效率的关键因素之一是大型体育场馆的交通便利性。

体育场馆在建设的过程当中，应该充分、全面考虑交通的有效疏导与组织。假如大型体育赛事的出口太过集中，没有预留出人流缓冲的空间，就会使车流不畅，最终造成交通的堵塞，对人流的疏散非常不利，从而最终成为城市管理的难点。体育场馆的停车场面积比较小，使得观众被迫将车辆停放在沿街或者较远的位置，对城市的交通安全以及管理都非常的不利。因此，体育场馆管理运营成功的重要因素之一就是体育场馆合理地规划选址。

（五）大众体育消费需求与消费能力不足

1. 国民收入水平是制约体育场馆产业化发展的重要因素

人们收入水平的高或低从某种程度而言，对人们的需求层次起着决定性作用。改革开放以后，我国和世界各国的交流逐渐加深，经济快速发展，取得了举世瞩目的好成绩，已经完全进入了小康社会。休闲体育逐渐成为广大人民群众的一种生活方式与时尚，体育因具有独特的魅力和效用，开始逐渐走向大众化。

当前，不相同收入群体充分表现出相对应的体育实际需求。例如，高收入和中低收入群体对高尔夫球、赛车、游泳、健身等体育项目的需求。这些为体育产业化的快速发展以及公共体育场馆产业化经营提供了非常重要的基本市场条件。

2. 收入水平对体育需求的影响程度可以进一步用需求的收入弹性去衡量

需求的收入弹性主要表示的是某一服务或者商品的需求量，广大对消费者收入变动实际反应的灵敏程度。需求的收入弹性等于收入变动的百分比引起的需求变动百分比。

假如需求的收入弹性是正数，则表明体育需求随着消费者货币收入的增加而增加，高消费和高级别的体育项目或竞赛欣赏的体育需求收入弹性是正数。假如是负数，则表明了体育需求量会随着消费者货币收入的增加而减少。

对不同的体育项目来说，需求的收入弹性也会有一定的差异性。通常情况下，高尔夫球等比较奢侈的体育项目，其需求收入弹性较高，相对偏高、那些比较大众化的体育项目，其需求收入弹性相对偏低。不相同项目的体育运动场馆在产业化具体经营的过程当中，能够充分按照分割各自的市场份额，同时积极组织和开展与之相对应各种不相同的体育市场经营活动。

综上所述，对公共体育场馆的使用与开放的影响因素有很多，其中包括体育事业的发达程度，国民经济的整体发展水平，以及人民群众在体育方面的意识状态。经济发展水平一方面制约着人们对体育意识以及价值意识，另一方面也是人们选择体育场馆进行身体锻炼的一个重要原因。广大人民群众收入的水平对人们主动地利用公共体育场馆进行身体锻炼，以及娱乐消费的积极性有直接的影响。

第四节　投融资策略

一、采用 BOT 融资方式

现阶段，在西方的发达国家进行体育场馆的建设时，最为常见的政府与企业协作模式就是 BOT 融资方式。在这种模式当中，首要确保所有权与经营权实现分离。BOT 是由 build（建造）、operate（运营）、transfer（移交）共同组成的。主要指的是投资者从委托人的手中获得特许权之后，单独或者与政府的公共部门合作，从而共同成立特许经营公司。该公司主要从事项目的融资、建设与经营，并且需要注意的是，该公司会在特许期之内完全拥有这一项目的所有权和经营权，并获得合理的利润收入，在特许期结束之后，就必须要将此项目无偿转让给委托人。BOT 方式成功使体育场馆在设施建设与经营管理方面实现民营化，不再如过去一般由政府进行投资，相关主管部门进行经营管理，最终的亏损完全由财政进行补贴。

（一）采用 BOT 融资方式的作用

首先需要注意的是，若要有效解决现阶段我国的体育设施滞后且相关建设资金不足之间的矛盾，并有效减轻政府的投资风险与财政方面的压力，最有效的办法就是采用 BOT 融资方式。从理论上讲，BOT 方式使民间资本能够参与到公共体育场馆的建设与运营中，不但能够确保政府不会增加负债，还能够引入资金。在此过程当中，尽管是由政府对私人资本进行授权，从而使之能够进行建设与运营，但是所有工作必然要受到政府的支持与监督，由此就能够充分保障场馆的公益性。另外，需要注意的是，因为在场馆的建设与管理当中有着私人资本的参与，所以为保障自身利益就必然需要确保场馆能够运营良好，而且因为政府本身在场馆的建设与运营方面拥有监督权，所以，相关人员就必须更好地提高场馆的经营管理水平与工作效率。总的来说，BOT 融资方式不但不会影响到政府对于各个公共体育场馆在经济上的所有权，还能够使投资者与使用者等有关方面能够共同承担本来由政府所承担的投资建设风险，而这也能够在一定程度上有效减轻由各种风险所带来的负面影响。

另外，需要注意的是，通过 BOT 融资方式能够更好地解决竞赛之后各大体育场馆出现的闲置问题，更好地提高经济效益。通常情况下，采用 BOT 融资方式的体育场馆，其项目负责人的经营期限为 20 年左右。因为在建设之初，政府并不会进行信用担保，所以投资者会完全承担融资风险，在设计与建设的过程当中，项目人就必然要充分考虑到赛后场馆在经营与管理方面的问题，而这就促使他们积极采用更加先进的设计与管理理念，并购买先进的技术设备，从而有效降低建设的成本，提高场馆的质量，以便获取更高的经济效益。

（二）BOT 融资方式的风险与对策

从管理的角度来看，政府若是采用 BOT 方式进行融资可能会遇到很多具体的问题，而且，现阶段的我国并未对 BOT 项目进行明确且完善的立法。尽管在 1997 年 4 月，我国正式推出了《境外进行项目融资的管理暂行办法》。但是现阶段的我国并不存在专门的机构对体育场馆的 BOT 项目进行管理，而且在项目的实施方面也没有较为完善的法规对其进行规范与指导，所以说，在体育 BOT 融资当中，政府可能会面临一定程度上的政策、法律缺位的风险。

若是地方政府与中央机构在职责的范围上并没有进行明确的划分，那么，在 BOT 项目中，中央机构就很可能会直接取代地方政府发号施令。又或者在地方政府与 BOT 项目人发生难以调和的纠纷的时候，项目负责人并不具备充分的法律依据作为支持。BOT 项目期限较长，所以为了能够更好地保证国内在政策与法律上保持稳定性与连贯性并有效增强国内外投资者的信心，就必然需要进行立法保障。若要进行立法，我们可以对国外一些与 BOT 相关的法律法规进行借鉴，取其精华，去其糟粕，并结合我国的实际情况，最终构建出符合我国国情的相关的法律法规。

从风险防范角度，对于政府来说应当提防投标人压低建设标准进行低价竞标，可以将场馆项目与招标分隔开，通常情况下，参与投标的人越多，那么由投标者所组成联盟以及发生腐败的可能性就越低，也就不会有较大的资产流失风险。对于项目负责人来说，在规定的 BOT 项目期限届满之时，场馆需要无偿移交给政府，那么可能会为了加快收回投资成本而实现利润最大化，在场馆运营的后期过度使用其中的各项设施，并且疏于对场馆的维护，这就会造成届满移交时场馆出现失修、老化等问题。甚至于项目负责人还可能会故意不清偿场馆建设投资的贷款，致使场馆在移交政府之时出现部分抵押或质押的情况，最终导致场馆资产流失。所以说在场馆 BOT 项目的合同当中，应当进行以下规定，政府应当对场馆的所有权、经营管理权以及收益权等进行逐步回收，政府还可以要求项目公司在向政府进行场馆移交的时候，确保相关设施处于产权完整的状态，而且还需要规定项目公司的经营收入必须先进行债务的偿还。

部分大型以及超大型的公共体育场馆可以按照现有的国有企业管理办法，将其产权划归到各级政府的国有资产管理部门当中，之后将管理权划归到各级政府的体育行政部门当中，将经营权通过政府委托经营的形式交托到体育场馆运营公司手中。

国有资产管理部门是相关公共体育场馆的资产所有人，所以应当对大型公共体育场馆的资产性质与范围进行界定，而且还应当肩负起体育场馆预约其中的主要设施、设备的更新和维护工作，坚决履行政府对国有资产的维护与扶持责任。而体育行政部门则会代表政府履行对体育场馆的运营的管理责任。根据相关法律法规的要求，基于体育事业的发展规律，需要对体育场馆所提供的公共服务的数量与质量，以及体面向社会所开展的各项经营活动进行相应的监督与管理。体育场馆经营公司在开展相关经营活动的时候，应当确保自身严格遵守国家相关法律法规，并且遵循现代企业经营要求。

应当对体育行政部门在公共体育场馆的改革过程当中所发挥的指导与管理作用加以强化。值得注意的是，现阶段，我国的市场经济体制并不健全，而且市场体系也不够完善，市场机制并未充分发挥作用。而且我国的公共体育场馆服务业相较于其他产业不占优势，无论是服务体系还是服务功能都不够完善，其中最为重要的是，现阶段我国的体育事业当中的训练、竞赛以及全民健身服务并未完全实现市场化，仍然需要相关部门为其制定标准，并且对相应的服务效果进行监督，由此，才能够真正实现我国的体育发展战略。另外，需要注意的是，因为体育场馆的经营有着专业性的特点，所以应当严格遵循体育事业的发展规律，而这些都需要体育行政部门进行有效的监督与指导。

二、采取公司治理结构

为解决现阶段我国体育场馆的经营问题，需要确保所有权与经营权能够实现有效分离。其中需要注意的是，建设融资的重要手段是 BOT 方式，并且经营管理的具体途径就是采用公司治理结构。

一般而言，公司治理结构也可以被称作法人治理结构，具体来说，指的是一种对公司进行管理与控制的体系。其中，不但对公司的各个参与者进行了规定，还明确了对公司各项事务进行决策的时候，应当遵循怎样的规则与程序。通常情况下，治理公司的核心要点是基于所有权与经营权相分离的条件，因为所有者与经营者在利益上不一致而产生的委托—代理关系。公司治理的根本目标是降低代理成本，使所有者并不会干预公司的日常经营活动，而且经理层能够保障股东的利益以及实现公司利润最大化。

（一）公司治理结构概述

公司治理结构最早由美国经济界提出。1841 年 10 月，往返于美国某两州之间的两辆火车相撞，在美国国内引起了很大的震动。在议会的推动下，铁路公司进行了改革，铁路由专家进行管理，老板只拿红利。这可视为基于所有权和经营管理权相分离的公司治理结构的雏形，这一新型的经营管理模式一经实践，便被广泛接受并推广，成为推动美国经济飞速发展的重要因素[①]。

公司治理结构，由于其自身的经济、政治、社会、文化等因素及制度惯性，在不同阶段表现出不同的特点。例如美国公司法中的治理结构就是从 19 世纪 20 年代以前的股东大会中心主义时期过渡到 20 世纪初的董事会中心主义时期，进入 20 世纪 50 年代至今，则处于全面完善、发展阶段。

公司治理结构在狭义上的理解可以是指股东与企业之间所存在的利益分配控制关系，其中主要包含股东的权利以及公司董事会的职能、结构等方面的制度安排。公司治理的根本目标是为了确保能够实现股东利益最大化，最大程度上防止经营者会对所有者的利益产生损害。它的特点就是会通过股东大会、董事会、监事会及管理层构成对公司治理结构的内部治理。

广义上的公司治理结构更多的是指与控制权和剩余索取权相关的安排，简单来说，就是指企业组织方式、控制机制和利益分配的所有法律、机构、制度和文化的安排。其中，不仅包含所有者与企业之间的关系，还包含各利益相关者之间所存在的关系，以及对关于企业组织方式、控制机制和利益分配作出的所有法律、机构、制度和文化方面的安排[②]。

在广义的公司治理结构当中，公司指的是一种利益相关共同体。公司治理机制在广义上也不单单指内部治理机制，还包含有不同的利益相关集团的利益分配。通常情况下，公司治理的根本目标不但要实现股东利益的最大化，还应当确保公司的决策具有科学性，以便保证公司在各个方面的利益。

西方的公司治理结构通常包含英美模式以及日欧大陆模式等。其中，英美模式更为侧重关注人的不同思想，企业组织是基于平等的个人契约建立的。在股份有限公司制度当中，制定了合理的形态，简单来说就是遵照契约要求向作为剩余利益的要求权者并承担经营风险的股东赋予一定的企

---

① 孔永祥.公司治理结构与实证研究 [M].上海：上海人民出版社，2002：4.
② 林钟高，章铁生.公司治理与公司会计 [M].北京：经济管理出版社，2003：15.

业支配权，确保企业能够在股东的治理之下平稳运行，而这种模式也被称为股东治理模式。值得注意的是，这种模式的特点具体表现为公司的最终目的是实现股东利益最大化。

基于"股东治理"的模式，股东会以投资者的身份建立起对经营者各项行为的激励与约束机制，以便能够更好地在工作当中实现股东的利益最大化。需要注意的是，经营者与所有者在利益主体上有所不同，若是处于所有权与控制权分离的情况之下，经营者就会拥有控制企业的权利，若出现信息不对称的情况，那么经营者可能会通过增加消费性支出的方式对所有者的利益造成损害，而且其他的利益相关者也会因为不直接参与或控制企业的经营与管理，受到一定程度上的权益侵害，而这种信息非对称的情况，也使得经营者有足够的机会谋求自身利益最大化。在日本与欧洲大陆的企业经营当中，更为重视集体主义，重视劳资关系之间的协调，而这也与英美形成了明显对比。在现代市场经济条件之下，企业的目标不再是一味追求股东在利益上的最大化。企业在本质上属于一系列的契约关系之和，是由企业所有者、经营者、债权人、职工、消费者、供应商组成的契约网，契约的存在本身就包含有各利益主体的平等化和独立化，而且契约的存在更是为了确保公司治理结构的各主体之间始终保持平等与独立的关系。一般而言，我们将契约中涉及的各方称作利益相关者，而企业的效率就是建立在这些利益相关者的基础之上。为了确保能够实现企业整体效率，企业不但需要重视股东的利益，还需要对其他利益相关主体的利益加以考虑，并建立起合理地对经营者的监控体系。简单来说，就是需要在董事会与监事会当中引入除股东之外的利益相关者的代表，其主要目的就是发挥利益相关者的作用，而我们也将这种模式称作共同治理模式。

（二）公司治理在体育场馆经营管理中的作用

对我国体育场馆的经营管理模式进行公司治理结构改革，能够有效解决以下几个问题。

首先，可以解决资金问题。进行公司治理机构改革后，资金来源更加多元化，改变了政府单一的投融资模式，使资金来源更加多元化，有利于调动社会资金。股东以拥有的股权对公司行使相应的权利，并履行相应的义务。

其次，确保能够完全实现所有权与经营权的分离，最终形成有效的权力制衡机制。公司治理结构的存在使投资者和管理者得以分离。在体育场馆当中，通过这种方式也能够有效消除政企不分、事企不分、产权不清等问题。并且，需要注意的是，其中还存在着匹配的制衡机制，股东大会能够决定董事会与监事会的成员，而董事会也能够选择自己认定的经营管理者，之后由经营管理者行使用人权，最终形成权力机构、决策机构、监督机构、经营管理者之间的制衡机制。

可见，公司治理结构对于大型体育场馆来说是一种从体制上进行根本改革的模式，是我国体育场馆改革的方向。虽然目前我国还没有大型体育场馆进行公司治理结构模式的改造，但部分社会投资兴建的体育场馆，如长春体育场、成都龙泉阳光体育城等由企业建立的体育场馆基本上是按此方式进行市场运作的，这可为大型体育场馆管理向公司治理转化提供一些有价值的、可借鉴的经验。随着社会主义市场经济体制改革的不断深入以及国内对公司治理结构模式的不断探索、完善，该模式将被应用到体育场馆的经营管理中来。

三、民间资本参与体育场馆运营的路径选择

民间资本参与我国公共体育场馆运营的方式，从融资的角度看，是指公共体育场馆从民间资本主体取得资金的具体形式。目前企业融资的资金来源灵活、广泛，总量充分。国内企业融资的主要渠道有银行资金、非银

行金融机构资金、其他企业资金、公共团体资金、家庭或个人资金、外商资金以及海外资金等。一般来说，企业融资可以通过内源性和外源性的方式进行。内源性融资是指用留存收益以及企业内部集资的方式筹集资金。外源性融资是指通过发行股票、企业债券以及借贷等方式从外部筹集资金。本书所提到的融资主要是指外源性融资。由于投资场馆建设、运营的周期较长，一般要花费几年甚至几十年才能收回，因此，投资场馆所需的资金是指长期资金，即使用期限为一年以上的资金。长期资金主要通过吸收直接投资、发行债券、发行股票等形式筹得。

（一）吸收直接投资

吸收直接投资通常情况下指的是基于"共同投资、共同经营、共担风险、共享利润"的原则吸收国家、法人、个人、外商投入资金的一种融资方式，而这也是企业为筹集自有资金能够选择的重要方式。在吸收直接投资当中，所有的投资者都属于企业的所有人，他们都对企业拥有经营管理权。

民间资本参与我国体育场馆的运营，在当前主要是指直接吸收除国有资本之外的民营经济资本参与体育场馆的运营，即吸收民间资本法人的直接投资，实现体育场馆的民营化供给，更多地依靠民间机构，更少地依靠政府来满足公众对体育场馆的需求，这也就是通常所说的公共事业民营化。

在我国的体育场馆建设过程当中，若有吸收直接投资参与，就需要重点防范资金供应的风险。这里的资金供应风险，主要是指在进行体育场馆建设过程当中，融资方案的实施可能会出现资金难以落实的情况，从而导致建设的工期延长，进而导致工程的造价升高，最初所预想的投资效益目标存在着难以实现的风险。比如原定的筹资额全部或者部分落空，本来已经成了出资的投资者，因某些变故不能够出资兑现承诺。需要注意的是，除了资金风险之外，利率水平也会伴随着金融市场行情的变动，而不断发生变化，若是在融资方案当中使用的是浮动利率计算，那么就需要重点分析贷款利率会发生变动的可能性，以及发生变动之后可能会对项目造成怎样的风险与损失。另外，若对体育场馆的一次性投资过大，且贷款额度较高，那么就应当更加谨慎地评估经营效益与还款进度。

（二）普通股融资

股票属于一种有价证券，是由股份公司在筹集资本的时候向出资人公开或者私下发行的，用来证明出资人的身份与权利并且根据出资人所持有股份的多少享有相应权利并承担对应义务的凭证。股票的存在表明，持有人对于股份公司的所有权，其中需要注意的是，每一股同类型的股票所能够代表的公司的所有权都是相等的，也就是"同股同权"。股票可以选择公开上市，也可以选择不上市。

股票发展至今已有 400 年，它与股份公司一同出现。但随着时代的发展，企业进行规模也在不断地扩大，对资本的需求也在飞速增加，由此就需要选择一种合作方式，使公司能够获得大量的资本金，而这也直接导致以股份公司为形态出现的完全由股东共同出资经营的企业组织。值得注意的是，股份公司在发生变化与发展的过程当中，都产生了股票形态的融资活动，而股票融资在发展的过程当中又逐渐催生出了股票交易的需求，也因此直接导致了股票市场得以形成与发展。最终，因为股票市场的发展，使股票融资活动与股份公司得到了很大程度上的完善与发展。

值得注意的是，有记载的世界上最早出现的股份有限公司是诞生于 1602 年在荷兰成立的东印度公司。在股份公司这种企业组织形式出现之后，资本主义国家开始广泛应用，成为各资本主义国家的重要企业组织形式之一。在此过程当中，以股票的形式进行集资入股的方式也得到了一定程度上的发展，而且还促使市场产生了买卖交易转让股票的需求，由此，就在很大程度上带动了股票市场的出现与形成，还使股票市场得进一步完善与发展。1611 年，东印度公司的股东们在阿姆斯特丹股票交易所正式开始了股票交易，而在此之后也诞生了专门的经纪人进行交易的撮合工作。因此，阿姆斯特丹股票交易所也就逐步形成了世界上出现的第一个股票市场。截至目前，股份有限公司已然成为世界上最为基本的企业组织形式中的一个。而且各大企业进行筹资的重要渠道与主要方式也开始选择股票，很多投资者进行投资的最为基本的选择方式也是股票。股票市场与债券市场已然成为了证券市场的基本内容。

根据股份有限公司当中各股东所享受权利与承担义务的大小，需要将股票分为普通股与优先股两种。其中，普通股主要是指股份有限公司依法发行的虽有管理权，但股利并不固定的股票，它有着股票的最一般特征。优先股则是指由股份有限公司所发行的，虽有分享红利优先权，但并不具备表决权的股票，这也是企业所有权的一种凭证。值得注意的是，对于股票的发行与上市有着十分严格的条件进行限制，从理论上来讲，若我国的体育场馆所承担运营的主体本身符合发行股票的条件，那么就能够在股票市场上为体育场馆的运营发行相应的股票，以便更好地吸引民间资本的参与。但是需要注意的是，在实际情况当中，现阶段的场馆运营主体本身并不具备股份有限公司需要具备的各项条件，而且就算允许其发行股票，以便筹集资金，但是因为现阶段的体育场馆运营效益过小，并不具备足够高的投资回报率等问题，民间资本很难下定决心购买发行的股票对其进行投资。一般而言，现阶段民间资本，参与公共体育场馆运营的投资回报率不高，主要存在以下两个方面的问题：其一与体育场馆的运营状况相关；其二与我国现阶段体育消费需求不足有关联。

（三）发行债券

债券本身属于一种有价证券，它是由社会中各类经济主体为了筹集所需资金而向债券投资者所出具的承诺，按照一定利率定期支付相应利息，并在到期之后偿还本金的债权债务凭证。因为债券的利息一般情况下都是需要事先确定的，所以我们也将债券称为固定利息证券。债券的发行人为资金的借入者；而购买债券的投资者就是资金的借出者；其中，发行人应当在一定期限之内还本付息；债券作为债的证明书，存在的具有法律效力；在债券发行之后，债券的购买者与发行者之间存在着债权债务关系，其中投资者为债权人，债券发行人为债务人。

通常情况下，国外的政府部门并不会通过直接拨款的方式支持场馆的运营，而是采用发行各类债券的方式，从资本市场当中吸收投资资金。一般而言，债券的发行是基于该场馆在未来的可以预期的收入，以及因场馆的修建而给周边地区所带来的财富增加值。因为债券本身的发行主体不同，所以在场馆建设、运营的融资过程当中，主要会发行两种债券，分别是市政发行的债券以及企业发行的债券。在国外，债券融资属于场馆建设与运营当中最为重要的一种融资方式。

但是需要注意的是，在我国债券市场并不完善，我国政府对很多发行债券的企业有着十分严格的限制，主要规定在我国能够进行债券发行的主体，主要是公司制企业与国有企业。其中，企业能够发行债券所需要满足的条件为：股份有限公司在净资产额上不得低于3000万元，有限责任公司在净资产额上不得低于6000万元；累计之后的债券总额不得超过公司净资产的40%；需要保证最近三年的平均可分配利润能够完全支付公司债券一年的利息；公司通过发行债券所筹集的资金的投向，应当符合国家的相关产业政策；债券在利息率的选择上不能够超过国务院限定的利率水平。

另外，需要注意的是，因为体育场馆本身并不具备较高的运营效益，所以很难在未来获得理想的资金回报，所以说债券融资，在较短的时间内并不能够成为体育场馆建设与运营的主要融资方式。

（四）实物资产证券化

现今，在国际资本市场上发展最快且最具活力的金融产品与投融资方式，就是资产证券化。而资产证券化主要包含四种类型，分别是实物资产证券化、信贷资产证券化、证券资产证券化、现金资产证券化。通过对我国现有体育场馆的实际情况进行研究，可以确定最佳融资方式是实物资产证券化。

实物资产证券化主要是指将原始权益人所拥有的不流通的实物资产转变为能够在资本市场销售与流通的金融产品的过程。其中，原始权益人的身份为实物资产证券化的发起人，通过将自己所拥有的各种流动性较差的实物资产分类整理成为一批资产组合，之后再出售给特定的交易机构，也就是特设机构。

实物特设机构是作为发行人存在的，主要作用是将所购买的各种实物资产作为担保，从而发行资产支持证券，之后再将筹集获得的现金用于支付所购买资产的价款。值得注意的是，发起人应当指定一位托管人，由此人来对证券化资产所产生的现金收入进行记录整理并用于支付投资者收益。如此，发起人就能够获得进一步发展自身业务所需的资金。

基于发行人的角度，实物资产证券化提供了能够将部分流动性较差的个别资产转变为流动性较高的，能够在资本市场上自由交易的金融产品的手段。利用实证资产证券化，能够使发起者及时补充资金并进行所需投资。另外，需要注意的是，相关发起者还通过实物资产证券化获得了更加有效且成本较低的筹资渠道。之所以通过实物资产证券化的方式进行市场筹资比通过银行或者其他的资本市场筹资的成本要低，主要是因为有发起者通过实物资产证券化所发行的证券本身具有比其他的长期信用工具更加高的信用等级，而信用等级越高，那么发起者所能够付给投资者的利息就越低，也就在很大程度上降低了筹资成本。值得注意的是，投资者所购买的是通过资产担保类证券所构成的资产组合的整体信用质量，并不是资产担保类证券发起者所拥有的信用质量。而且发起者通过实物资产证券化获得了更多的筹资渠道，不再只通过发行股票或发行债券两种筹资方式。

基于投资者的角度，我们能够发现，因为资产证券化的品种通常是以超过一个的基准利率的利差进行交易的，所以实物资产证券能够提供政府担保证券更加高的收益。通过实物资产证券化，还能够有效帮助投资者扩大自己的投资规模，通常情况下，证券化产品在风险权重上要比基础资产更低，所以能够更好地扩大投资的规模，并提高资本的收益率。

具体到体育场馆的证券化融资，主要表现为将体育场馆项目作为基础，并将其未来的收益作为担保，由此在资本市场上发行相应的债券以筹集资金。在这过程当中，通常会有某些具有特殊目的的公司进行运作与发起，之后通过证券承销商来对资产支持证券进行销售，获得发行的收入之后，再按照合同上的规定将相关收入支付给体育场馆项目所有者。值得注意的是，现阶段在我国并没有大规模实施体育场馆的资产证券化融资。其一是因为这种融资方式对于我国而言并不熟悉，在实践过程当中，还存在着很多法律政策方面的阻碍；其二是因为在我国现阶段的体育场馆运营的整体效益并不高，很难保证在未来产生理想状态的预期收益，所以对于民间的资本投资主体来说有着较大的风险。

总的来说在体育场馆的运营过程当中，民间资本若是参与其中，也能够在转化运用过程当中获得满意的报酬率，也可能会出现亏本甚至破产的情况。在这一过程当中会对最终收益产生影响的因素多种多样，就比如政治、经济、社会甚至场馆的建筑设计以及经营情况等等。所以说，在进行投资之前，民间资本的投资方应当进行科学合理的分析，以便做出正确的投资决策。

第四章 体育设施资源

除了体育人力资源、体育场馆资源外，体育资源中还包含体育设施资源，本章将从体育设施管理、体育设施政策、体育场馆设施供给三个方面对体育设施资源进行详细的阐述。具体来说，在体育设施管理方面将从设施的日常、经营服务这两个方面阐述；设施政策方面将从政策研究背景、意义以及政策的优化这三个方面进行叙述；体育设施供给方面将从当前存在的问题以及建议这两个方面进行详细的论述。

第一节 体育设施管理

一、体育设施的日常管理

（一）场地的日常维护

1.煤渣跑道的维护

煤渣跑道的湿度影响跑道的硬度，故跑道表面应经常保持 30% 左右的湿度，坚持每天喷水（早晚均可），以保持场地湿润。干旱季节最好每天傍晚洒水，以降低地面温度，便于与地下水汽融合，节约用水。刮风天要给场地洒水，以防表层被风吹掉。第一条跑道使用最多，硬度较大，外圈各道使用次数相对较少，硬度较小，而跑道硬度会影响运动员的比赛成绩。为防止第一条跑道快速硬化，可采取以下措施：新翻修的跑道，可在第一条跑道上放置栏架，让运动员在外圈各道上练习；短距离比赛第一条跑道尽量不安排运动员；如全部跑道每年翻修两次，则第一条跑道应翻修3～4次；经常铲除第一条跑道紧靠内沿的积土，在多风地区，第一条跑道内沿边容易积土，使跑道左边高于跑道表面，形成向右倾的斜坡，对中长距离跑有影响，故应经常将堆积的尘土铲平。比赛前，要修整场地、平整跑道、喷水、压实。

在夏季，跑道具有黏性差且尘土大的缺点，所以在训练或比赛的前后都要进行洒水工作，以便对跑道的硬度进行调整，确保场地始终处于平整状态。在冬季和雨季之前，我们要对跑道进行相应的保护性措施的实施，在场地的四周建设良好的排水通道并在雨季来临之前进行检修。在雨季之后，场地会出现过湿或过于松软的情况，绝不能着急使用。通常情况下，新建的场地或者长时间使用的场地会出现地面凹凸不平的情况，所以在雨季之后应当及时修补。在冬季，需要做到经常洒水，以防止出现大风将表面的浮料吹飞。一般情况下，我们会选择中午太阳光照充足的时候进行洒水，在这一时间段，适量的水能够迅速渗入到下层，这样不但更好地保护了场地，也不会影响使用。除此之外，还应当在场地周围合理种植树木，以便起到防尘防风、净化空气、保护地面的作用。还应当及时铲除场地中的杂草，并且确保日常维护所需的相应工具处于时刻准备完全的状态，以便随时取用。应当明令禁止在跑道上行驶各种车辆；禁止在场地内乱扔垃圾、随地吐痰或吸烟等；相关人员在对器械进行布置与收拾的过程当中，应当做到轻拿轻放，不可在场地上拖行。

2. 水泥混凝土场地的维护

通常情况下，若是能够维护好水泥混凝土场地，就能够确保拥有较长的使用寿命，但是需要注意的是，一旦出现破损情况，那么破损会很快发展。所以应当做好预防性以及经常性的维护，及时发现其中存在的破损情况，并通过相应措施保证场地状况良好。

应当对场地上存在的各种污物进行定期清理，保持清洁。若雨季来临，还需要注意定时清除积水，在冬季降雪之后，及时铲除冰雪。除此之外，还需要根据季节的不同，及时填充或铲除合适的填缝料，确保接缝完好、表面平顺。若是遇到气温下降导致接缝扩大出现空隙的问题，就需要寻找当地气温最低的时候进行灌缝填料，在气温升高之后，部分填缝料会挤出缝口，需要及时铲除，还需要确保砂石不会挤进缝中。对宽度在 3 毫米以下的非扩展性裂缝，可用低黏性沥青或环氧树脂等材料灌注；如为扩展性裂缝，可沿裂缝注入灌缝材料进行处理。

3. 塑胶场地的维护

为了提高塑胶场地的使用年限，并且确保性能与色泽，就需要严令禁止各种机动车辆在上面行驶，以防止滴油对胶面造成腐蚀。还需要严令禁止所有人携带易燃、易爆、易腐蚀的物品进入场地，始终保持清洁，以免受到有害物质的污染。另外，还需要确保塑胶场地不会受到过长时间的重压，也不会受到剧烈的机械性冲击与摩擦，从而防止其弹性减弱与变形。

在塑胶跑道当中必须穿运动鞋，且跑鞋的鞋钉不可以超过 9 毫米，跳鞋鞋钉不可以超过 12 毫米。诸如杠铃、哑铃、铅球、铁饼一类的器材，需要在特定的运动场内才能够使用。在塑胶跑道上，各种线与标志应当确保长时间保持清晰醒目的状态，毕竟塑胶表面在老化之后可能会使相关标志褪色，所以，在使用一定的年限之后，应当喷涂一层塑胶液，并重新描画标志线。因为紧靠内侧的第一条和第二条跑道使用次数较多，所以在平时应当进行一定程度上的限制，甚至可以在其上设置障碍物。

场地的清洗本身属于维护当中的一项经常性的工作，不但要做到每天清洗，遇到污秽及时清洗，还需要确保能够做每个季度一次的大清洗。在比赛的前后，需要对场地用水冲刷，以便更好地保持场地本身的色彩与清洁卫生。在夏季的时候，若是遇到炎热天气情况，就要对场地进行喷洒凉水工作，以便降低其表面温度。下水道也要做到经常清理，时刻保持场内的排水畅通。

4. 天然草坪场地的维护

草坪场地主要供足球、棒球、垒球、板球、高尔夫球以及部分田赛等项目使用。我国南方草坪场地可全年使用，北方使用时间要根据季节和草的生长情况来安排，以北京地区为例，草坪场地在 6—8 月可每天使用。9—11 月可两天使用 1 次，每年 12 月至次年 4 月为草坪保养期，一般不安排使用。草坪场地的日常维护工作包括以下几方面。

（1）喷水

草坪需要确保每周喷水一次，在 6 月下旬至 8 月期间，除雨天之外，需要每 1 至 2 天喷水一次，需要注意的是，喷水时间最好控制在当天下午6 点之后，或者早上 9 点之前。

（2）除杂草

在场地内所发现的杂草，单子叶杂草比双子叶杂草多。单子叶杂草中白草危害最大，要及时除掉。

（3）修剪

一般情况下，在对足球场的草坪进行修剪的时候，需要确保留茬高度保持在 2 至 4 厘米，通常情况下，草坪越是修剪就越会向四周蔓延，若不修剪就更会向高处生长。所以说在草坪生长旺盛的季节里，就需要进行多次修剪，修剪次数与场地的利用率有直接关系，场地使用次数越多，受到的践踏次数也越多，修剪次数就应当相应减少。剪草，通常会使用剪草机，而且需要确保能够在一天之内剪完一遍，修剪下来的草需要及时清除，以确保不会出现腐烂霉变从而对草坪产生影响。

（4）追肥

施肥的方法有两种：一是将化肥均匀地撒在草坪上，然后浇大水；二是把化肥溶于水中喷洒在草坪上。后一种方法更有利于草的生长。一般每年施追肥 2～4 次，追肥采用硫酸铵或尿素及过磷酸钙。

（5）滚压

一般情况下，在每次修剪之后都会出现"拔性"现象。简单来说，"拔性"主要是指在剪草机的运行过程当中将根状茎与草根部一同拔起。之所以出现这种问题，主要是因为剪草机刀口不锋利，通常情况下，在这个时候就应当使用滚轮进行滚压，以确保能够保持草坪的平整。一般而言，滚压的用具包括两种滚轴。若是需要修剪的是新建的草坪或者长得比较娇嫩的草坪，就需要使用大约 250～300 千克的小滚轴；若是修剪一些扎根良好且生长健壮的草坪，就需要使用大约 500 千克的大滚轴。在进行滚压的时候可以向纵横两个方向交叉进行。拉滚时须注意力量均匀。

（6）越冬措施

通常情况下，在越冬之前进行相应的措施十分重要。简单来说，在越冬之前，需要对草坪进行一年之中最后一次修剪，而且这次修剪会帮助返青时嫩芽更好地萌发。通过浇冻水，能确保在春季土地化冻之后，草坪生长得更加健壮。在每年下雪之后，将雪覆盖到草坪之上，有利于来年草坪返青。

（7）返青前后养护工作

在早春时节，草坪的嫩芽尚未萌发出土，需要进行一次滚压，毕竟土地表面在经过整个冬季的寒风吹袭之后，可能会出现裂开的情况，通过滚压的方式能够有效弥补裂缝，确保草坪可以更好生长。在返青之后，也需要及时进行浇水，有效促进草的生长。

（二）体育器材的日常管理

1. 建立体育器材档案

体育器材的种类和数量很多，使用范围广，更新周期不一致。为加强管理，便于维护，延长使用寿命，必须建立设备档案。这项工作应分两步：

第一步是对器材进行分类编号，可以采用 3 节编码法：第一节表示器材种类，第二节表示使用部门，第三节表示器材序号。例如，某综合体育馆一副篮球架编号为 D3-5-16，其中 D 表示球类，3 表示篮球，5 表示篮球场，16 表示设备序号。这样的编号便于检索和查对。

第二步是将相关的技术资料整理归类，即将设备的品种、名称、规格、价值、数量、生产厂家、购买日期、使用部门、技术数据及使用说明书等有关资料按编号整理保存。

2. 制定科学的保管和使用制度

体育器材的保管通常会采用分类保管的方式，选择保管的方法的前提是必须要保证器材能够保持完好。比如对于跳杆与撑杆跳高所使用的横杆与标枪等器材，在选择保管方法时，必须要保证横杆与枪身不会因此发生变形。电子设备应该放置在干燥的房间之内，有些精密仪器还应当保存在有空调设备的房间当中。总的来说，在对相应器材设备进行保管时，所选择的方法应当符合该设备的特殊要求，所有设备都需要确保不会受到风吹、雨淋、日晒的侵蚀。在体育器材室当中，应当在醒目位置放置存放器材的目录，而且在每个地方都应当有一本记载此处存放的器材设备的名称与数量的记录本。

制定体育器材使用的方法和制度是器材管理的重要环节，对正确使用器材，减少不必要的消耗和损坏有重要作用。体育器材使用的方法和制度包括借用手续、使用方法归还方法和非正常损坏的赔偿办法等。体育器材借用手续，多凭工作证、学生证或个人身份证办理，必要时应交付一定的押金。使用办法包括正确使用的方法、禁止的用法。一些固定性的体育器材附近应注明使用的方法和注意事项。体育器材使用后,应归还原处。在归还时,工作人员应核实归还数量是否符合借出数量和器材有无损坏,器材如有非正常损坏,应根据损坏情况,做出恰当的处理。器材归还后,应归还至原存放地点。为管理好体育器材,必须建立清点检查器材的制度。固定性器材要根据该器材的特点,确定检查制度。对于任何体育器材来说,年终清查、比赛前的清查、赛后的清查是必不可少的。管理人员在每天活动结束后,都应及时清点借出的器材的归还情况。清查出不能继续使用的器材,要及时维修或报废补充。

3. 制订和实施体育器材维护计划

管理工作当中,一项非常重要的内容是体育器材的维护,在此工作当中,应当确保对保养时间进行科学的安排,而且还要将保养的内容落实到具体的工作人员当中。除此之外还需要注意,需要通过文字的形式,提出具体的器材保养要求,若是进口器材,还需要将相应的外文翻译为中文,以便维护。除此之外,还需要制订严格的维护计划,日常的维护可以由服务与使用人员来负责,而对于大型设备的定期保养,则需要专业的维修人员负责。

体育器材当中涉及各种各样的材料,而且每一种材料都存在一个维护的问题,维护方法也不尽相同,就比如钢铁制品,应当注意防止生锈,可以通过上漆或上油的方式来解决。皮革制品必须防潮,也不能置于日光下暴晒,长期保存必须涂保革油。凡用胶制作的器材设备要防止加速老化,禁止与油漆接触。用毛制作的地毯,在使用时必须经常用吸尘器打扫,每周至少两次。在干燥季节,要把地毯移出馆外晾晒,清除灰尘,库存地毯应置于干燥通风处,并放防虫剂。人造革制品要用半干布擦,电子设备不能长期放置不用,一段时间应当进行试运转等。

一些体育器材，如单杠、双杠、高低杠、铁饼和链球的护笼等，还有一个安全使用的问题，而这些器材随着使用时间加长，都有一定耗损，降低了安全系数。因此，对于这一类的器材设备，应建立检验制度。对于有安全隐患的器材，要及时更换。

二、体育设施的经营服务管理

（一）体育设施服务的设计

体育设施服务无论从经营的需要出发或是从承担的社会职能出发，都应着眼于"以人为本、以服务为本"。为实现这一宗旨有必要事先筹划，设计好服务项目的运转方式，从而使服务人员和消费者了解该项目服务是如何进行、需要经过哪些环节、有哪些手续和规定。这就是服务流程的设计，它对提高服务质量有十分重要的作用。

1. 体育设施服务设计的内容

（1）确定服务内容

确定服务的内容主要包含以下两个方面，分别是主体服务的内容以及辅助服务。一般而言，主体服务是面向消费者的基本承诺，也是消费者的主要期望；辅助服务更多的是指主体服务之外的附加服务。通常情况下，只有主体服务具备一定的特色，才能够充分吸引到消费者或者在与竞争对手的比拼当中占据优势。在确定主体服务之后，会有相应的辅助服务进行补充与完善。在确定辅助服务之后，不但需要考虑到为消费者提供服务功能的完整性，还应当重点考虑辅助服务与主体服务之间的一致性。通常情况下，在经营的过程当中，主体服务的内容并不会轻易发生改变，所以辅助服务可以根据经营的具体情况，在合适的时机进行灵活的变动。

（2）确定服务提供方式

对于同一个项目，我们若选择不同的服务方式，也会产生不同的效果，所以说其中最为重要的设计内容就是需要确定一个科学合理且切实可行的服务提供方式。一般而言，服务方式的设计主要包含以下几个方面：其一是提供服务的时间；其二是提供服务的地点；其三是提供服务时需要使用到的器材与设备；其四是提供服务时，相关人员应当采用的态度与语言；其五是提供服务时，相关人员应当使用的动作与技术。

以上各项内容的主要原则是为消费者提供最大限度的方便，并基于此设计出最优质的服务程序与作业方法，且需要确保具备可操作性，能够方便管理人员与消费者对相应的服务工作进行检查与评判，由此就能够有效确保服务质量始终保持稳定。应当做到主动上前问好，并为消费者提供更衣柜的钥匙以及相关用品。之后，在消费者到达球场的时候，相关服务人员应当做到主动上前迎接并填写运动登记表，还需要帮助消费者正确租用球与球拍，并积极引导消费者进入场地当中。在消费者打球的过程当中，相关服务人员也要时刻关注各种情况，并根据相应要求提供服务。在消费者选择休息时，服务人员需要及时提供面巾或饮料服务。在消费者打完球之后，相关服务人员需要在确保各种设施设备处于完好状态之后为消费者结账，并与之告别。

（3）服务质量规划设计

服务质量的关键是消费者对服务所感受到的满意度是否能达到或超过期望值，它通常从硬件部分和软件部分来衡量，具体有以下几个方面：①设施质量。设施性能应达到经营服务的要求，具备安全和卫生性，设施外观与活动项目相协调，既舒适性又使用方便。②项目质量。包括服务项目的吸引力和文化品位等，它是体育设施服务的基础。③劳务质量。劳务质量是员工为消费者提供服务时的行为表现，它是体育设施服务质量的本质体现。劳务质量主要包括服务人员个人的形象和素养、服务人员的服务技能和服务态度、服务人员的服务效率和应变能力。

在服务质量设计上，应结合消费者需求，从服务内容、特色、技术含量、态度与行为等方面综合考虑。

2.体育设施服务设计的基本要求

（1）重点关注消费者的需要，一般而言，消费者需要本身是能够对相关服务内容、服务环节、服务方式进行衡量的最终标准。伴随着近年来人们的体育消费意识在不断地增强，而且体育相关的设施与服务水平也在不断地发展完善，人们的期望值不断提升。若想要体育设施的经营服务能够达到消费者的期望值，满足他们的需求，就必须要通过市场调研来明确了解到消费者的真实需求，并根据相关要求为他们设计服务的内容与方式。

（2）在服务的过程当中，还应当充分体现出可参与性与灵活性的，其中，可参与性具体是指能够使消费者体验到参与其中的乐趣，并得到相应的锻炼。体育设施服务本身具备较强的参与性，所以消费者在参加体育活动的过程当中，不但能够锻炼自己的身体，还能够获得身心的放松。所以，在对服务过程进行设计的时候，应当重点考虑趣味性、健身性、新奇性或刺激性，如此才能够获得消费者的喜爱。其中，灵活性则是因为不同的消费者之间存在着需求上的差异，而且在消费的过程当中也会随机出现一些突发情况，所以体育设施服务应当能够做到随机应变，确保在不对消费者的权益造成损害的情况之下，灵活地为他们提供服务。

（3）所有服务都要做到最大程度地为消费者提供便利，所以在对服务方式进行设计的时候，应当重点研究什么样的服务要在什么样的时间、地点与情况之下出现。在设计的过程当中，还需要尽量减少各种手续的环节，确保消费者不会面临众多复杂的手续。

（4）需要尽量体现出体育设施经营服务的特色，其中需要注意的是，除了可以从民族、地方特色，或者经营规模与档次等方面来体现特色，还可以通过优质的服务内容来凸显特色，在服务的行为上，应当重点表现出个性化，确保服务质量的优质，以便更好地吸引消费者。

（二）体育设施服务过程的控制

1.体育设施服务制度

在体育设施服务过程的管理中，一个基本的依据就是相关的规章制度，这不仅有助于提高服务质量，也可使日常管理和检查督导有统一的标准。因此，制定服务制度是体育设施服务过程管理的重要内容。服务制度是指在具体服务中应该执行的服务标准、服务规范和服务程序。服务标准是指为使消费者获得满意的服务所应达到的量化指标，也是衡量服务水平的准则和尺度。服务规范是指为达到服务标准所应采用的具体服务方式和准确做法。服务程序是指服务过程中服务行为的先后次序。

（1）制定体育设施服务制度的依据

第一，消费者的需要体育设施服务的目的是满足消费者的需要，所以在制定服务制度时首先要依据消费者的需要。第二，行业特点，体育设施服务同商业、餐饮业的服务不同，它不是直接提供物质销售服务，而是提供以一定物质条件为基础的精神上的服务，使消费者通过体育活动强身健体、愉悦身心、消除工作和生活中产生的紧张和疲劳。因此，服务制度应根据体育服务行业的特点来制定。第三，经营要求，市场定位、设备档次的不同，服务档次也不应相同，相应的服务程序、服务规范、服务标准也不相同。这种经营的差异也是制定规章制度的依据。第四，法规和道德规范所有的规章制度都应该在不违反国家法规和社会道德规范的前提下制定。

（2）制定体育设施服务制度的方法

体育设施服务制度既是管理者对员工要求的体现，也是员工共同要求的综合反映。当每个员工意识到为了单位发展、繁荣，也为了自身的利益，应当共同承担一定的义务和责任，应当遵守共同的秩序、准则，公平地对待自身和对方时，就产生了对制度的需要和执行制度的自觉性。因此，应充分调动员工参与制定服务制度。制定体育设施服务制度一般有以下程序：先由项目管理人员或熟悉体育设施服务管理且有一定文字表达能力的员工草拟初稿，起草的内容越具体越好，尤其是制定服务规范，应针对消费者的期望值一条一条地制定。然后召集一部分有经验的服务人员对初稿进行讨论和修改，邀请一部分经常到本项目的消费者对初稿提出意见并做修改。再将经过修改的规章制度向全体服务人员进行宣传并试行。试行一段时间后，组织服务人员和消费者对试行的规章制度提出进一步修改意见，经过反复修改后才能定稿。体育设施服务的项目内容和形式有较大区别，有关服务程序、规范和标准是根据它们的特点而制定的，所以各项目服务制度都有自身的特点，有些项目甚至有非常独特的个性。但从规章制度的制定角度看，服务人员岗位职责及对他们的素养要求是体育设施服务制度的基本内容，服务人员的行为规范和工作纪律则是基本着眼点。

2. 体育设施服务质量的控制

体育设施服务是一个动态过程，服务的管理即是动态管理，它以质量控制为核心。那么体育设施服务质量控制的方法主要包含以下两个内容。

（1）制定体育设施服务质量标准

值得注意的是，体育设施服务质量标准本身属于一种描述体系，具体包含管理者对于所有岗位的服务人员的服务效果与服务效率的要求。至于质量标准的制定，应当基于消费者的立场、符合消费者的期望。在对体育设施的服务质量标准进行制定的时候，应当明确要求服务人员在每个环节的动作、语言、时间限制等方面的内容。

（2）征求消费者对服务质量的意见

收集消费者意见主要通过服务质量评定表、现场投诉、意见信或表扬信以及消费者之间的议论等。其中填写评定表是主动征求意见的方式，评定表的设计要简单、明了，易于填写。

（3）制定岗位说明书

岗位说明书通过岗位分析把每个岗位的性质、任务、工作内容等用书面形式记录下来。它是防止各工作岗位之间相互推诿的有效方法。制定岗位说明书应对每个岗位的工作内容、职责等进行全面分析、描述和记录。通过岗位分析可以明确每个工作岗位所处的层次，以及该岗位与其他岗位之间的关系，使每位任职者明确自身的职责。

第二节　体育设施政策

一、我国体育设施政策的研究背景

（一）研究的理论背景

1. 社会主义市场经济的发展要求对体育设施政策进行评价和反思

在现阶段的社会主义市场经济背景之下，可以明显发现，我国并未建立起足够适应社会主义市场经济条件的体育设施发展模式，而且也并不具备足够完善的政策对之进行规范与指导，现有很多政策法规在理念上稍显落后，并不具备足够的可行性与可操作性。而且还存在着与体育设施运营相关政策缺失的问题。我国在体育政策的研究方面起步较晚，现阶段尚处于发展阶段，相比于我国的其他领域的政策研究存在着较为明显的滞后性。而且就当前而言，体育设施政策研究在我国并未引起学界足够的重视，也并未对其实施的社会环境以及政策执行过程当中使用的管理措施与方法等方面进行足够的理论与实践分析。所以说，基于体育设施的建设管理与现实需求的角度，我们应当重点对现有的体育设施政策进行合理的评价与深刻的反思，以便能够更好地规范与促进我国的体育设施可持续健康发展。

2. 体育设施实践成为重要的理论素材

在我国社会进行转型的期间，体育设施的产品性质会发生很大程度上的变化，一般会表现为以下两个方面：一方面，公共产品会逐步向准公共产品、半公共产品、私人产品转换；另一方面，产品的功能特征逐步从增强个人体质转变为追求经济效益与社会效益并重。值得注意的是，产品性质的变化可能会带来很多政策方面的问题，就比如本来作为公共产品的体育设施，应当怎样适应社会主义市场经济的特点这一问题，不仅是制度经济学需要关注的，也是社会学需要关注的。

若想要从理论上对体育设施的经济效益和社会效益、体育设施所涉及的相关政策变化、政府与市场的关系以及社会资本运用等问题进行分析，必然要通过体育设施。所以说正是因为体育设施实践的存在，使得体育人文社会科学获得了足够重要的理论素材。

3. 体育设施政策的研究相对缺乏

通过对我国的体育设施的发展历程进行研究，能够明显发现在每一个发展阶段都有着政策的引导。在体育设施的建设与发展过程当中，体育设施政策是其最为重要的依据，由国家制定，并且在体育设施建设与发展的过程当中被强制执行。并且需要注意的是，它不仅对我国的体育设施在建设与发展方面存在着十分重要的导向作用，还在很大程度上体现出了社会主义文明发展的必然要求与选择，但是现阶段我国的学术界并未对体育设施政策有着足够专业化的学术研究。

（二）研究的现实背景

1. 体育设施的结构性失衡

我国体育设施的结构性失衡主要表现在以下几个方面。

在体育设施的投资模式上：其一，在体育设施经费投入的结构方面，存在着十分明显的失衡现象。我国在大众体育与竞技体育的经费投入比例上为 1：100，尽管近年来我国在财政收入上不断增加，使政府在对体育事业的总体经费投入上也在不断增长，但是，其中大多数的财政拨款都投入到了竞技体育的发展当中，很少投入到群众体育当中。其二，体育设施在投资形式上稍显单一。在体育设施建设当中，政府负担了过多的财政投入，而民间资金投入过少，这就直接导致国家财政负担沉重。

在体育设施的公益性方面：尽管我国在推进全民健身计划的过程当中制定并启动了一系列于民有益的体育设施建设与发展的政策，而且也实实在在地在一定程度上促进了我国的体育设施的发展。但是需要注意的是，在我国的第五次体育场地普查当中，数据显示财政拨款和单位自筹在 100 万以上、体育场地面积在 450 平方米以上的大型体育场馆只有 14.00% 是全天对外开放的 [1]，其中教育系统体育设施就占据了全国体育场馆总数的 65.60%，开放教育系统体育设施是体现我国政府公益行为的重要举措。但是，数据显示，我国的学校所拥有的体育场馆在全天开放与部分开放的比例上并没有太大的差距，全都不足 15.00% [2]。所以说现阶段仍旧存在着纳税人所投资建设的体育场馆，并不能够被他们更好地使用的问题，而这也正是体育设施自身的公益性不能够得到充分发挥的问题。

在体育设施的城乡分布方面：我国存在着地区间、城市间及城乡间体育设施的数量和种类建设发展失衡的现象 [3]。另外，体育设施在规划建设以及运营等环节的审计和监督工作并不完备，现阶段，我国的体育设施依旧

---

① 于永惠. 中国体育设施发展的制度分析 [M]. 北京：北京体育大学出版社，2010：4.
② 国家体育总局经济司. 第五次全国体育场地普查数据及指标解释和填表说明 [R]. 国家体育总局，2003.
③ 江和平，张海潮. 中国体育产业发展报告（2008—2010）[M]. 北京：社会科学文献出版社，2010：228.

存在"重投资建设，轻管理经营"的现象。

总的来说，我国的体育设施在现阶段依旧属于一种稀缺性资源，很难充分发挥出其中的公益性与经济效益，并且还存在着城乡发展失衡、布局不合理、供给不足等结构性失衡问题。而且这会造成国有资产的严重浪费与流失，还会在很大程度上对我国推进体育公共服务均等化产生不利影响。

2. 体育设施产生的负面影响

工业化与全球化的飞速发展，在很大程度上加剧了城市化的进程。在此过程当中，城市普遍出现规划相似、千城一面，文脉切断、记忆流失，重视形态、轻视功能，从而导致了城市的趋同化现象[①]，也使得城市在建设过程当中出现了特色的现代化危机。很多大型的体育赛事对于一座城市来说属于一项特殊事件，毕竟他能够对城市本身的特色形象进行塑造与展示，从而使得城市呈现差异化，能够在一定程度上有效避免同质化，而这也能够更好地防止城市出现现代化危机[②]。值得注意的是，在我国的城市化发展过程当中，为更好地塑造城市形象，需要借助体育设施建设。而且，通过承办大型的体育赛事，也能够在很大程度上对城市的基础设施加以改善，而且还能够有效提升城市的知名度与城市形象，促进城市的快速发展。所以说因此而产生的很多正外部效应也使建设体育设施成为各大城市之间争夺大型赛事的一种必然选择。

但是需要注意的是，体育设施在对城市文化与体育文化进行塑造的同时，也会产生一些负面的影响，就比如为举办大型赛事而修建的体育场馆会在比赛之后出现场馆闲置的情况，这就导致国有资源的浪费。与此同时，群众的健身场所却呈现出严重不足的情况，这一问题对地方政府产生了深深的困扰。体育设施政策的存在能够调节与分配体育资源，对体育设施建

---

① 黄兴国. 城市特色理论与应用研究 [M]. 北京：研究出版社，2004：13-15.

② 李鹏，邹玉玲. 体育赛事型塑城市特色 [J]. 首都体育学院学报，2009（2）：159.

设发挥着控制、调节、分配等功能。不同的城市之间因为逐利而大肆兴建的体育设施所产生的负外部效应，会使得社会各界开始重点关注体育设施建设与发展的政策问题。

3. 体育设施的供需矛盾突出

在体育活动的开展过程当中，最为重要的物质载体是体育设施，但现阶段的体育设施尚且存在着供给与需求之间的矛盾。我国人口众多，对于体育设施的需求也比较大，但人均体育场地面积却过小，所以会呈现出体育设施供需不足的突出问题。其中很多大型豪华型的竞技体育场馆正处于大量闲置的状态，曾经为体育竞赛修建的体育场馆，在竞赛结束之后并未得到有效利用，而且，尽管面临着全民健身对体育设施的需求日益增长的情况，但这一类场馆却并未被群众享用。另外，大众健身存在着体育设施严重不足的问题，而且在乡村地区以及城市中的住宅小区当中，这一问题十分突出，甚至于在农村当中，因为文化基础设施极度匮乏，已经严重影响了农民文化活动的正常开展。

二、我国体育设施政策的研究意义

（一）理论意义

相关学者就宏观体育政策、区域性体育政策、教育系统体育政策以及社区体育政策等方面进行了专门研究，获得了十分显著的研究成果。但他们并未对体育政策当中存在的体育设施政策进行深入研究。我国并未对体育设施政策开展足够的研究工作，很多专家学者并未重视体育设施政策研究。而如今，我们将体育思想史作为我国历史阶段的划分依据，并将体育事业发展的指导方针作为研究主线，以时间与空间的变化为经度，以体育设施相关的政策法规文件为纬度，正式开展对我国体育设施政策的全面研究。在此过程当中不断梳理我国体育设施政策的历史发展脉络，并探究它在我国不同的历史阶段所呈现的特点，通过借鉴国外的优秀经验，从而对我国的体育设施政策进行科学合理的优化，由此就能够更好地丰富我国体育设施政策的理论研究，并有效拓展我国体育政策研究的领域范围。

（二）现实意义

伴随着 2008 年北京奥运会的成功举办以及我国的运动健儿所取得的辉煌成就，我们成功实现了百年的奥运梦想，而且那个利用金牌战略来提升中华民族自信心的时代，也已然成为过去。随着我国的飞速发展，人民的生活水平也日益提高，消费结构也得到了一定程度上的改善，在健康意识觉醒的情况之下，人们在日常生活当中越来越重视体育锻炼。因此伴随着人们对体育的需求在不断增长，人们对于体育设施的需求也在不断增长。但是需要注意的是，我国在体育设施的建设上，更多的是依赖国家的全权负责，而这也使得我国的各级财政部门不堪重负。而且这种方式还会导致竞技体育与群众体育设施处于非均衡发展状态；很多大型的体育场馆在赛事结束之后会被闲置，无法得到充分利用；与此同时，全民健身场所依旧处于严重不足的状态；等等。由此就导致了我国在体育设施的建设与发展方面出现了政府与市场失灵的双重困境。需要对我国的体育设施政策所面临的问题进行深入的分析，并充分借鉴国外的优秀经验，从而为我国的体育设施政策在优化方面提供科学合理的建议，以便能够有效解决我国体育设施在建设与发展的过程当中所遇到的诸多问题，由此就能够更好地促进体育设施在全民健身过程当中发挥自身的物质基础作用，也能够更加深入贯彻落实党中央关注民生、大力推进体育公共服务均等化的进程。

三、我国体育设施政策的优化

（一）政策优化的理论依据

1. 公共产品理论

在公共经济学理论领域当中，著名经济学家萨缪尔森就曾将公共产品进行了如下定义，即无论是谁对该产品的消费并不能够减少他人对该产品的消费。另外，公共产品与私人产品相比，存在两个本质上的特征。其一，消费的非竞争性，简单来说，就是指消费者在对某一产品进行消费的过程当中，并不会影响到其他的消费者对这一产品的同时消费；其二，受益的非排他性，具体是指在消费这一产品的过程当中，很难将拒绝为此产品付费的消费者排除到受益范围以外。我们能够根据产品本身的非竞争性、非排他性以及受益范围，将公共产品划分为以下两种，分别为纯公共产品与准公共产品。一般而言，公共产品的消费本身存在着拥挤点；而纯公共产品指的除拥挤点之外还具备消费的非排他性与非竞争性，如国防与法律等。准公共产品主要包含以下两类，第一种是具有非竞争性与排他性的产品，如俱乐部类产品，包括体育场馆与图书馆等；第二种是具有竞争性与非排他性的产品，通常被称为公共池塘资源，如石油与矿藏等。我们通过对公共产品理论进行研究，能够明显发现体育设施的受益范围，主要包含其所在地周边的大众居民。所以说我们会将体育设施认定为准公共产品中的俱乐部类产品。值得注意的是，不管是纯公共产品还是准公共产品，如同体育设施这一类的准公共产品当中的俱乐部类产品，作为这一类产品的体育设施政策本身具备双重社会效用。一方面，它能够保障大众的身体健康，并有效提高居民的生活质量与幸福指数，更好地丰富居民的精神文化生活；另一方面，它还对体育设施的建设发挥着导向、激励、调节与控制的作用，而体育设施的存在，能够更好地维护社会稳定、增加就业。所以说，体育设施政策所呈现出的外部效应，能够发挥出正面且积极的影响，而这也被称为政策效应的正外部性。正外部性是收益外溢的行为，它是指一种产品的产出能够使包括生产者在内的经济主体都因此而受益。

2. 政府治理理论

在人类社会发展的过程当中，有着很多种不同的政府类型与政府治理模式存在。通常情况下，我们所说的政府治理模式是对政府治理社会的理念、制度与方式的总称。政府治理模式通常处于一个动态的发展过程，而且还会伴随着政治、经济以及文化等的发展而不断地进行变化。

在农业社会当中，农耕性的经济特点会使得整个社会长期处于一个较为封闭的状态之中，具体则会表现为社会在流动性上并不强，也并不存在发达的商品交换，人们对于利益的需求也呈现单一化的特征，所以在这一时期，政府的治理主要需要依靠暴力作为后盾行使直接权力，而这被称为政府的专制统治。进入工业化社会之后，商品交换逐渐发达，而且社会的流动性也得到了极大增强，公共事务逐渐增多，人们对于利益逐渐有了多元化的需求，这一时期，较为理想的组织形态为官僚制，所以，在工业社会当中，最为常见的政府治理模式为管制型政府。在进入信息化与全球化社会的时期，市场经济高度发达，也形成了公民社会，社会有着较强的自制力，使管制型政府逐渐迈向更高形态的政府治理模式。在全球化、信息化社会中政府治理未来发展的四种模式主要有市场式政府、参与式政府、弹性化政府、解制型政府。

值得注意的是，尽管因为视角与标准存在差异，所以各研究者对于政府的治理模式建构在观点上并不相同，但是所有人都对在改革开放前后我国政府在治理模式上经历了巨大的变革这一观点存在着普遍认同。在改革开放之前，我国政府属于一个典型的全能型政府，社会资源被国家高度垄断或独占，主要表现为，在经济上实现高度集中的计划经济以及单一的公有制；在政治上则具体表现为，坚持意识形态为导向，尽管有层级制度但并不存在法治规范的高度行政控制。在社会关系上，表现为公民没有自主地位且毫无意识地、随波逐流地参与运动[①]。在《当代中国政府治理范式的变迁机制与革新进路》一文中，张立荣教授将这一模式的特征概括为管制型的治理方式、全能型的治理职能、行政性的治理手段和巨人型（政府）的治理主体[②]。值得注意的是，这种全能型的政府治理模式可以有效巩固新生国家政权，也能够充分动员与利用社会资源，加速实现社会的工业化，等等。但是需要注意的是，这种模式在运行的过程当中还会出现很多问题，就比如会造成一定程度上的市场竞争机制与竞争力的缺失，还会导致社会资源配置出现低效率的问题，且社会创新力不足，等等。改革开放以来，我国不断进行经济体制与社会体制的改革，政府的治理模式也逐步进行着一个渐进且增量改革的过程，但是需要注意的是，现阶段我国的市场经济与公民社会并不完善，还处于发展阶段，政府与社会之间也并未形成一个完善的、基于契约的制度化的合作关系，所以，现阶段的政府依旧处于支配地位。然而，我国政府治理的模式现如今已然出现了突破性的进展，具体表现为，政府的职能逐步由全能转变为有限，且政府的权力实现了逐步下移与外转，通过推行全面依法治国促使法的力量在各个领域发挥作用。尤其是在进入 21 世纪之后，受到民生本位的价值观影响，我国政府在职能重心上，逐步由最初的经济发展转变为公共服务，政府开始更为重视公民的参与，也更为重视公民作为公共服务消费者对政府行为的评价。

体育事业是一项关乎民生的，重要的社会性事业，它属于公共服务当中的重要内容。体育设施，是有效开展我国体育事业的重要物质载体。因

---

① 冷向明.当代中国社会转型中的政府治理范式变迁 [D].武汉：华中师范大学，2006：15-18.

② 张立荣，冷向明.当代中国政府治理范式的变迁机理与革新进路 [J].华中师范大学学报：人文社会科学版，2007（2）：37.

为我国政府治理模式发生了转变，所以也会因此形成体育设施投融资的多元化模式以及市场化的运作方式。而因为政府职能的转变，也使其重心逐渐转向公共服务，而这也有利于对体育设施这一类公共产品关注力度与扶持程度的加大，所以说现阶段我国政府职能转变在客观要求上需要对体育设施政策进行深入研究，并且这项研究也是我国逐步建设服务型政府的责任所在。

3. 决策理论

决策理论认为，在对政策方案进行选择的过程当中，主体会追求解决问题的最佳状态。如果待选择的方案在好坏方面有着十分明显的差异，那么就更容易择优选择。若是政策问题本身具有复杂性，涉及因素众多，就很容易出现各种带选择的政策方案，有利有弊，所以很难分出优劣[①]。所以若想要进行最佳的选择，就需要确保决策方案能够满足以下五个条件：（1）决策目标明确；（2）穷尽所有的可能性方案；（3）每个方案的执行结果必须明了；（4）择优标准决策明确；（5）决策不受时间限制[②]。值得注意的是，在实际操作过程当中，因为很难达到理想的状态，所以几乎不可能出现理想化的最优结果，只可能出现现实情况中的最优结果。通过决策理论，我们能够明白，政府若想要实现政策本身的最优选择，就需要全面考虑目标变量、工具变量、环境变量、技术条件等等因素。之后，根据各种变量的具体情况来匹配与之对应的政策。

4. 治理理论

治理理论的主流观点认为，治理本身是由官方或民间的公共管理组织在一个特定的范围之内，利用自己所掌握的公共权威进行质的维持，以便满足公众的需要，最终实现共同治理。主要具有以下五种治理特征：其一，

① 杨洪刚，中国环境政策工具的实施效果与优化选择 [M].上海：复旦大学出版社，2011：213.
② 王全宏，李燕凌.公共政策行为 [M].北京：中国国际广播出版社，2002：27.

治理主体呈现多元化；其二，各主体之间在责任界限上的模糊性；其三，各主体之间在权力上存在互相依赖性与互动性；其四，自主自治的网络体系建立；其五，重新界定政府作用的范围与方式。通过治理理论能够有效解决国家与市场在调控与协调的过程当中出现的部分问题，但是需要注意治理理论本身并不适用所有情况，也具有一定的局限性。就比如我们可以将治理理论的内在困境概括为以下四种两难选择：其一是合作与竞争的矛盾；其二是开放与封闭之间的矛盾；其三是原则性与灵活性之间的矛盾；其四是责任与效率之间的矛盾。为了更好地解决以上诸多问题，有专家学者提出了善治的概念，而这里的善治，指的是能够使公共利益实现最大化的社会管理过程。其本质上主要表现为政府与公民对公共生活的合作管理，十分重视政府与公民之间的合作，以及提倡公民积极参与其中，最终实现管理的民主化。在智力理论当中十分强调主体的多元化，主张政府、民间组织与公民之间建立起合作互动关系，而这也在很大程度上为我国在体育设施政策优化过程当中，充分调动政府、民间体育组织、智囊团和个人参与政策制定提供了理论依据。

（二）政策优化的现实依据

1. 经济环境不断改善

我国在经济的发展上已经逐步实现了产业结构与经济体制的双重转型。1949—1978 年，我国尚处于单一的公有制与计划经济体制当中。经济发展的重心是重工业的优先发展。在这一阶段，公有制经济使得国家完全垄断了所有的经济资源，而经济体制所具有的计划性特点，使得我国的经济发展的活力受到了抑制。在十一届三中全会之后，改革开放得以深入发展，我国也逐步形成了多种经济成分并存与市场机制发挥基础性调节作用的市场经济体制。在中国正式加入世界贸易组织之后，我国的经济也获得了更为广阔的发展空间，市场经济得到了进一步发展，而且私有经济与外商经济等也开始迅速发展，市场配置资源的能力得到了有效加强，从而使得市场充满活力。值得注意的是，在社会主义市场经济发展的过程当中，体育设施是作为公共产品存在的，而且也成功引入了市场化的方式，有效弥补了完全由政府提供的不足。并且因为中国开展的产权改革有效促进了多种经济形式主体投资体育设施的积极性。现阶段的我国拥有着稳定的政治局面以及优良的投资环境，所以极大地吸引了国外企业的进驻。通常情况下，这些异国企业若是想在中国树立起良好的企业形象与商业形象，会通过举办各种体育赛事的方式进行宣传与推广。若想举办赛事，就需要进行相应体育设施的建设，而若想要进行体育设施的建设，又必然需要体育设施相关政策的指导与规范。所以说，经济环境的改善，在客观上使我国在优化体育设施政策的过程中获得了良好的经济背景。

2. 体育产业快速发展

因为经济得到了飞速发展，所以体育健身，娱乐消费逐步实现了平民化、普遍化、生活化，这表明了体育与经济发展之间存在着密切的联系。伴随着我国近年来经济的飞速发展，人们的收入增加，逐步建立起了健康意识并也有了足够的闲暇时间进行体育训练，所以现阶段的人们对于体育的需求也在逐渐增长。近年在我国的体育消费市场在逐渐扩大，体育产业也在蓬勃发展。通过对体育产业的国际发展趋势进行研究，我们能够明显发现，现阶段的体育产业已经逐步由曾经的自由竞争阶段转变为垄断阶段，并且体育产业本身的国际化与全球化趋势在其用品行业表现得更为明显，体育行业已经逐步发展成为一个国家经济新的增长点。

中华人民共和国成立之初，在体育方面，以苏联体育为基础进行借鉴并成功推行了劳卫制，而且逐步发展成为中国竞技体育发展的举国体制。由此，为我国的体育产业发展提供了中国特色的外部环境。在十一届三中全会召开之后，党中央逐步将工作重心转移到经济建设之上，而此时所开展的思想解放运动，也促使体育行业逐步开始思考体育与经济之间存在的关系，以及体育本身是否能够产生理想经济效益，怎样有效解决体育设施在经费不足方面的问题，等等。因此，逐步形成了原国家体委以及相关基层组织利用现有的体育资源所创建的体育创收活动的第三产业以及发展专门生产体育用品的相关企业，而这也成了我国体育产业发展的开始。基于"有计划商品经济"的改革思想指导，原国家体委正式提出了社会参与办体育的理念，之后开始对体育场地等有形资产进行了出租等形式的简单开发，提出了体育场馆进行"以体为主，多种经营""由事业型向经营型转变"的要求。在我国第一次出现体育产业的实质性突破，是对足球进行职业化改革，而这也产生了十分理想的经济效益，由此也促使其他体育项目逐步开始探索发展职业化。之后，在政府的领导之下，我国在 20 世纪 90 年代末期正式建立了足球、篮球、排球、围棋四个体育项目的职业体育俱乐部以及一个准职业俱乐部和一个乒乓球高水平俱乐部，由此，我国在体育方面真正开始了职业化发展。但是值得注意的是，我国的体育产业发展及根本目的并不是为了发展体育产业，而是为了更好地提高竞技运动技术水平。在多年来的不断发展当中，我国的体育产业已经逐步建立起了基本的产业框架，而且也逐步树立起其自身的国民经济新增长点的形象。

我国的体育产业有着高渗透性、高拉动性与交叉性，可以看作是绿色朝阳企业，也被称为"露天金矿"，而且它还成为我国现阶段国民经济发展新的增长点。作为第三产业当中的一个重要组成部分，体育产业本身在实行产业发展的过程当中，是将提供体育服务作为主体的，并且所有的体育服务本身存在的基础与依托都是体育设施。我国因为体育产业本身有着较快的发展速度，且有着较大的市场潜力，有效促进了政府加强对体育设施的投资与关注，而这也更好地促进了我国体育设施政策的优化。

3. 社会稳定的客观要求

通过对国内外的体育场馆的发展，历史所总结的经验与教训进行研究，能够明显发现，体育设施是现代体育服务业的重要物质载体，其自身有着十分强的吸纳就业的作用。而就业率的增加，能够有效促进社会保持稳定，需要注意的是，为保证体育设施的顺利建设，就需要通过体育生政策进行合理的指导与规范。所以说，为保持社会稳定，政府部门加强了对体育设施政策的关注，而这也有效促进了我国对体育设施政策的优化。

4. 大众媒体不断发展

利用各种大众传播媒体的报道，人们能够更加快速且全面地了解世界。很多时候，因为部分媒体敢于直面现实，并且报道内容有深度，使得民众得以表达自己的主体性。受到大众媒体的影响，民众开始能够判断政府形象与政府行为是否符合自己的利益，而且体育设施与政策的制定也与此有关。值得注意的是，政府为了能够树立良好的形象，从而获得民众的支持，已经开始逐步走向政策制定的民主化、透明化、科学化的道路。通过大众媒体的发展与参与，不但能够更好地帮助政府树立起良好的形象，从而有效推动我国的体育设施政策制定，还能够借助大众媒体自身的导向与监督作用，更好地在体育设施政策当中反映公众的利益与所求，最终制定出最佳的体育设施政策。

5. 民间组织发展壮大

民间组织是作为与政府和企业并列的第三部门存在的，而且还承担着激发社会活力、促进社会公平、推进社会公益事业等方面的作用。在我国，体育事业得以发展的最为重要的组织形式是体育社团。我国的体育社团近年来在类型与数量上都在不断增加，其中发展最为迅猛的是群众体育社团，而且逐步形成了从中央到地方的体育社团结构，几乎完整覆盖了城乡的大部分地区。在我国的体育社团当中，包含有各级的体育总会、各类人群的体育协会、行业的体育协会等等。其他类型的全国性或地方性体育社团数量也在不断增加。值得注意的是,社会体育指导员组织是体育社团的一个重要类型。2010年,中国社会体育指导员协会在北京正式成立,这也表明,我国的社会体育指导员组织建设已经成功迈入了新阶段。除此之外,在很多机关,单位或企事业单位内部都存在着群众体育社团组织。而且需要注意的是,上述各类的社团组织能够充分发挥出自身优势,并在体育设施管理当中发挥着突出作用。现阶段有很多体育社团会通过各种各样的形式参与到体育设施的管理工作当中,甚至于部分体育设施是完全交由体育社团进行管理的,由此,就在很大程度上提高了体育设施的有效利用率。体育社团之所以存在与体育场馆设施有着十分密切的联系,毕竟很多社团都是在体育场馆附近创设的,甚至于是直接由体育场馆兴办的。体育社团本身会,在我国民间体育组织的不断发展与完善过程当中,成为维系政府与民众之间实现双向信息互动的桥梁。由民间组织收集整理的各类信息,使得我国体育设施政策在优化的过程当中获得了更多且更有效的信息资源与指导。

6.政策优化的国际经验

在一些体育发达的国家,在进行体育设施的建设与发展过程当中,会因为国家本身的重视程度,设立一个专门的体育设施管理机构,先立法以确保不同层级的体育设施能够与相关法令配套,之后,需要以志愿者或者公益性体育俱乐部的形式参与到体育设施的管理与运营当中,以便更好地降低体育设施的运营成本,有效提高管理绩效。并且政府也会在财政方面给予大力支持,体育设施在建设过程当中,资金来源具有多元化特征,而这也使各国的体育设施获得了良好的发展。我们通过吸收国外体育设施,在发展过程当中有益的政策经验,能够更好地优化我国的体育设施政策。

（三）我国体育设施政策优化的方法

1. 指导思想

现在的我国，在体育设施政策的优化上，应当开始重视全民健身的需要，在能够保证满足全民体育的物质基础之上实现金牌的增长，并将其认定为体育设施政策当中的根本方针。在未来推行体育设施政策优化的指导思想是构建体育公共服务均等化，并有效突出对于社会当中的弱势群体的体育权利进行保障与关怀。值得注意的是，为了更好地建设体育强国，创新体育设施建设发展的模式能够提供十分重要的物质支撑与保障。

2. 政策制定过程的优化

作为政策过程当中的首要阶段，政策制定属于政策科学当中的核心主题，而且，它还是作为政策的执行与评估的前提与基础存在的。若要对体育设施政策在制定过程当中进行优化，就需要对政府的职责进行正确且明确的界定，并建立起一套行之有效的政策制定的对应表的机制，从而确保能够充分发挥出专家智囊团在体育设施政策制定过程当中所发挥的作用。

（1）政府职责的界定

若是从公共选择理论的方面来看，在进行公共政策制定的过程当中，政府一定会受到经纪人动机的影响，从而在一定程度上使得公共政策逐渐偏离公众利益。我国政府职能现阶段正逐步转向建设服务型政府，在客观上更是要求对政府在体育设施政策制定的过程当中所拥有的职责范围进行重新界定。我国宪法规定"国家发展体育事业""人人享有体育的权利"，更是对政府的体育服务对象加以明确，即全体公民。服务型政府需要政府成为服务者，是作为社会的正义、公正与公平的象征存在的，其主要工作是为了能够代表并维护社会公众的公共利益。政府存在的根本目的是对民生加以关注，并全力维护公共利益以及公民的体育权利，充分发挥出政府在公共服务当中的组织者、协调者以及相关公共产品的主要提供者的作用。所以说，在对体育设施政策进行制定的过程当中，我们应当对政府的职责加以明确定位，简单来说，政府需要为公民提供体育服务，并且满足公民为实现全面发展而对相应的体育设施的需求。

（2）建立良好的体育设施需求表达机制

作为导致公共产品出现供需失衡的一个重要原因，就是消费者与供给者之间存在着信息不对称的情况，由此就需要在两者之间建立起一个良好的需求表达机制，以确保能够更好地反映出消费者对于不同公共产品的需求偏好等信息，由此就能够充分解决这一问题。在对体育设施进行制定的过程当中，需要充分了解大众对于体育设施的需求，以防止出现各种与民意不符的体育设施政策，从而确保制定的体育设施政策能够完全符合民众对于体育设施的需求。

（3）建立体育设施政策咨询机构

可以有相关的专家学者共同组成负责体育设施政策决策的专门咨询机构，从而更好地参与到体育设施政策的制定当中。由此就能够充分发挥出各位专家学者所具备的深厚的专业知识，对当前体育设施的实际进行直接研究并深入了解民意民情，从而为政府提供更加科学合理且具有前瞻性的体育设施政策建议，使体育设施政策的制定，不但能够符合社会实际，还能够顺应民意，最终能够有效提高政策制定的科学化与民主化进程。

3. 政策执行过程的优化

作为政策过程当中的一个中间环节，政策执行是由相关人员在建立组织机构之后，通过各种政策资源的运用并采取各项手段，将政策观念形态的内容转化为实际效果，最终成功实现相关目标的活动过程。政策内容若想真正转化为现实，就必然要依靠政策执行，而且政策执行本身是政策过程当中的中介性环节，若是抛弃政策执行，那么无论怎样，优秀的政策方案都很难获得良好的效果，也不能够实现既定的目标，通常来说，体育设施政策执行过程当中会做到以下几点优化。

（1）加强体育设施政策执行的监督

政策在执行的过程当中会受到各方面的影响，从而导致出现曲解误会，甚至受到反抗的现象，由此，就需要政策监督，以确保其能够顺利贯彻实行。首先，体育设施政策执行的根本目的是有效加强体育设施的立法工作，以确保体育设施政策在执行的过程当中能够做到有法可依。其次，应当设立一个独立的负责体育设施政策的监督机构，并保证不会受到限制。最后，要积极发挥广大人民群众以及大众传媒的监督作用。值得注意的是，社会舆论本身属于公共意志的集中反映，它在一定程度上能够直接表达公众的利益、愿望与要求等等，而且还能够有效帮助公众所关注的问题受到社会的广泛关注。所以说，为确保体育设施政策的有效执行，就应当积极发挥大众媒体所承担的监督作用。

（2）加强体育设施政策的宣传工作

若是政策仅仅掌握在政策的制定者手中，而不会被政策本身的目标群体所掌握，那么就很难推行这一政策。这政策不会被人们自发地接受，也很难自动地执行。若想顺利实施某项政策首先需要政策的目标群体对其有所了解，而这就需要进行政策宣传。所以说，应当充分利用大众传播媒体，有效增强对体育设施政策的宣传力度，并且还可以举办各种与体育设施政策相关的专题会议，也可以通过宣传橱窗或者印发宣传提纲等方式大力宣传体育设施政策，从而使得政策目标群体在充分了解政策内容之后，确保体育设施政策能够正确、正常地顺利推行。

（3）加强执行机构组织间的沟通与协调

为保证政策执行的成功，必须要确保沟通顺利进行。基于纵向的角度进行观察，能够明显发现只有通过有效的沟通渠道将上级机构所制定的政策标准传递给执行者，才能够确保政策具有生命力。一般而言，执行者对于一项政策的支持程度主要取决于上级机构对这一政策所做的解释，以及执行者对于这项政策的了解程度，一般而言，上级机构也只能通过沟通渠道才能够了解该项政策的执行情况。基于横向的角度来看，通常情况下，若要实施一项政策，需要多个机构以及众多的执行人员实现分工与合作，而在此过程当中，难免会出现分歧与矛盾，这就必须要通过有效的沟通来解决，以便更好地提高政策的执行效率。所以说，在执行体育设施相关政策的过程当中，应当有效加强纵横各级体育行政机构与相关机构之间的沟通与协调，以便体育设施政策能够有效执行。

4.政策评估过程的优化

现阶段我国正处于公共事业管理评估指标体系建立的探索阶段，不管是在科技还是教育和卫生等领域，并没有建立起全国性的整体工作评价指标体系，仅在某一局部进行了制定。体育领域也是这样，若只从体育设施政策这一方面来看，通过政策评估，能够更好地改进体育设施政策、增强相关政策效率并提高政策水平等，除此之外，还能够对体育设施政策的效果、效益以及效率进行有效检验，并直接决定着未来的体育设施政策发展方向。若要优化我国的体育设施政策评估就应当做好以下工作。

（1）提高对体育设施政策评估重要性的认识

若要实现体育设施政策上面的"以评促建、以评促改"，有效发挥出对于体育设施资源在合理配置方面的引导与激励的作用，就必须在思想上重点加强政策评估工作。通过对体育设施政策加以评估，能够有效帮助政策制定部门更好地对体育设施政策的特点与效果等加以了解与把握，从而更好地对体育设施政策资源进行开发，并有效加强体育设施政策的效益，最终，有效促进体育设施政策的补充、修正与完善。另外，还需要注意的是，应当明确评估所具备的批判性功能，并以此来发现并解决体育设施政策当中存在的问题，从而更好地提高体育设施政策的效率以及相关决策的质量，而这就需要保证评估工作的公平、公正、公开与全面，最终，实现体育设施政策的"以评促建、以评促改"，充分发挥出体育设施政策对于我国的体育设施在建设、管理与运营等方面所发挥的导向与激励等作用，从而确保体育设施建设能够更好地为全民提供健身服务，也能够有效促进政府更好地推进体育公共服务均等化服务。

（2）体育设施政策评估的制度化

制度化本身是作为辅以制度法规的硬约束存在的，虽然缺少弹性，但能够有效增强规范性，而且它的存在能够更好地保障评估工作的顺利进行。所以我们应当首先确保体育设施政策评估能够作为一项制度充分融入国家体育总局的日常工作当中，使得政策评估成为制度化与经常化的工作，最终实现体育设施政策评估的程序化。另外，还可以为其设立专项基金，从而有效解决评估所需的经费问题，毕竟，若想有效开展体育设施政策评估，就必然要进行大量的资料收集，而在此过程当中，则需要用到庞大的人力、物力与财力。最后还需要注意的是，应当对评估的结果加以重视并以此为依据确立日后政策目标的调整以及相关政策的制定，通过充分发挥政策评估的"建设性"功能，从而确保政策评估能够实现"评建结合、以评促建"的效果。另外，还需要将相关评估结果与从业人员的业绩考评进行关联，以保证在政策的实现过程当中的权、责、利统一。

（3）利益相关者参与评估

作为一项以需求为基础的评估，"利益相关者模式"的政策评估本身会基于政策利益相关者的关注点和需求点，评价政策的有效性，属于一种能够对各方的意见与利益进行表达与权衡的评估模式。值得注意的是，若要确保体育设施政策评估机制能够更加深入地了解民情，并且充分应民意以及广泛集中民智，就必然需要政策利益相关者参与其中。而且这也是建立起一个以人为本为特征的服务型政府所必然需要接受的。所以说体育设施，政策评估，最终应当形成一个由政府、民众以及民间组织等多方参与的评估模式，并对体育设施政策的满意度进行评估。

第三节　体育场馆设施供给

一、现行场馆设施供给模式存在的弊端

当前，我国场馆设施建设资金供给渠道源自政府。政府以间接划拨财政专项资金的方式，为场馆设施建设提供施工责任主体。在整个场馆设施供给模式中，政府供给保障方式发挥着关键引导作用。受市场经济浪潮快速涌进的影响，现行场馆设施供给模式难以满足场馆设施发展的需要，不可避免地会带来相应弊端问题。

（一）现行场馆设施供给模式束缚了人们对场馆设施性质的认识

现有的观念认为，场馆设施属于国家公共服务性产品，即以满足群众基本公共文化娱乐需求为主要用途，场馆设施建设或供给方，只能通过政府划拨财政资金来完成。政府部门承担着保障社会生产生活供给平稳运行的职责，而在社会保障性资金的支持下，现行场馆设施供给建设就具备公益性特征。基于对此种场馆设施供给模式的认识，就会容易使群众对场馆设施性质产生误解。实际上，场馆设施建设资金供给方不仅只包括政府部门，还包括社会民间资本企业，这就使场馆设施性质发生相应变化，兼具公益性特征和营利性特征。

（二）现行场馆设施供给模式不适应场馆设施发展对资金的需要

既然政府属于场馆设施建设资金供给主体，那么政府就理应承担满足场馆设施平稳运行与发展的需要。但结合既有的场馆设施建设供给模式来分析，社会民间资本已然成为推动场馆设施发展的重要力量。因此，由政府出资形成的供给模式难以保障场馆设施正常运转，如长沙市在承办第五届全国城市运动会修建新世纪体育文化中心时，投资预算总额为 12 亿元，

而长沙市全年的财政收入才 50 亿元，这对于长沙市政府来讲无疑是无法承受的，因此，在筹集新世纪体育文化中心建设资金过程中，政府不得不引入市场化运作机制，通过盘活资产来筹集建设资金。场馆设施建设属于政府完善城市基础设施建设工作内容，由于地方政府用于场馆设施建设资金有限，单靠地方政府财政拨款完成此项工作显得较为吃紧。因此，各级地方政府就必须完善现有的场馆设施供给模式，通过引进社会资本力量参与场馆设施建设工作。总体而言，如果政府不能有效构建新型场馆设施供给模式，那么就会难以有效应对场馆设施快速发展的需要。

（三）现行场馆设施供给模式不利于对场馆设施的后期运营

场馆设施后期运营缺少长远规划，致使场馆设施供给结构导向缺乏合理性。当前，我国各地场馆设施主要用于承担大型竞技类运动赛事活动，以满足群众性娱乐需求为主，但由于多数竞技类运动赛事举办间隔时间较长，这就会使场馆设施供给处于长期闲置状态，从而降低场馆设施经营开发价值。结合现行场馆设施供给模式分析，当场馆设施建设完毕后，施工责任方会将运营管理权交由地方政府部门负责。这就表明，各级地方政府部门既要负责出资建设场馆设施，又要负责运营管理场馆设施。但是，既然地方政府属于场馆设施建设资金供给主体，那么场馆设施就会具备相应的公益性特征，而如果将场馆设施用于后期经营与开发，放置市场经济运行轨道，则在一定程度上与场馆设施建设性质相违背，这正是现行场馆设施供给模式的弊端所在。

二、促进场馆设施供给的建议

（一）明确政府职能，加大政府投入

政府承担着完善社会公共基础设施建设的职能，场馆设施属于社会公

共基础设施建设的一部分，完善场馆设施供给与保障，理应成为政府解决公共服务需求的工作。纵观我国地方性乃至国家性场馆设施供给历程，政府从来都是场馆设施主体供给方。进入 21 世纪以来，我国政府部门积极推进公益性体育设施建设进度，并进一步加大对公共文化体育设施的投入力度，并且不断完善相关政策法规，保障群众基本公共文化娱乐需求。由此可知，政府应作为场馆设施供给主体而出现，即便在允许社会资本介入场馆设施供给的情况下，政府仍需始终发挥引导场馆设施供给的重要职能。应该明确的是，政府允许社会资本力量介入场馆设施供给，并非是弱化公共文化服务产品供给职能的体现，而是为进一步加大相关资金投入做充足准备。政府履行场馆设施供给职能，首先需要对场馆设施资源配置做出明确规划，在加大市场监管力度的前提下，保障场馆设施供给正常运转。

为适应市场化经济浪潮，各级地方政府允许社会资本力量参与场馆设施供给工作，这就使场馆设施供给模式得到优化和延伸。在以政府为主导的场馆设施供给模式下，政府通常需要划拨财政资金用于场馆设施建设，保障场馆设施能够正常运转。统筹场馆设施资金规划管理工作，属于政府积极履行公共文化产品供给职能的表现，但随着场馆设施供给与运营成本的增加，政府迫切需要完善场馆设施供给模式，以此减少场馆设施供给与运营资金投入压力。于是，以政府主导、社会民间资本参与的新型场馆设施供给模式随之产生，场馆设施供给模式更具多元化特征。当前，我国各地场馆设施供给多以合作方式开展，政府负责主导场馆设施供给、监管等工作，社会民间资本负责后期经营与开发等工作，这种模式可以有效激发社会民间资本的积极性，拓宽场馆设施供给资金来源渠道。

但需要明确的一点是，场馆设施后期运营与开发管理工作存在较大难题，即便场馆设施运营后期处于闲置状态，场馆管理方仍旧需要提供相应的管理费用，长此以往便会出现入不敷出的亏损结果。对此，政府需要以财政补贴等方式，保证合作方的营收效益。以市场化方式改革场馆设施盈利模式，固然可以减少政府前期供给与后期运营压力，但却会造成场馆设施使用价值降低。但是，由于场馆设施供给初衷是为保障群众公共文化需求，这就很难改变场馆设施供给营收效益，虽然能够强化场馆设施的社会效益，却直接影响场馆设施合作方（社会资本）的私人收益。因此，政府既然承担引导社会资本力量参与场馆设施供给的职责，那么就必须适当考虑社会资本力量的经营效益。

（二）以大型赛事为契机，促进场馆设施供给

结合我国各地场馆设施供给服务方式分析，保障群众性公共文娱需求成为各地场馆设施供给目标导向，而承担大型体育竞技赛事活动则成为各地场馆设施的服务方式。这就表明，大型赛事成为检验场馆设施供给服务质量的标准，大型赛事必须以场馆设施供给为基础。虽然大型赛事类型更具多样化，但各类大型赛事都需要投入大量运转资金，其中就包括用于支付场馆设施供给的资金。因此，对场馆设施供给方来说，大型赛事成为完善场馆设施供给建设的有利契机。从基础的筹备工作开始，直至后期的运营与管理，大型赛事为场馆设施供给提供了必要的营收效益，场馆设施供给方需要抓住这一难得的机遇，积极完善场馆设施供给规划工作。但需要指出的是，各类大型赛事举办间隔周期较长，场馆设施供给方需要考虑大型赛事举办周期，并对后期运营开发管理工作做出细致规划，这在安排场馆设施供给方面同样具有重要指导意义。

（三）建立科学决策机制，提高场馆设施供给决策的科学性

场馆设施供给决策，是促进场馆设施供给持续发展的必要前提。但就目前我国场馆设施供给管理现状来看，缺乏有效的科学决策机制，成为制约我国场馆设施持续供给的一大主要原因。管理层是建立科学决策机制的主体，但由于部分场馆设施供给管理人员缺乏实地调研精神，进而导致场馆设施供给模式过于经验化、片面化。应该认清的是，各地政府部门是承担场馆设施供给的主体，政府管理层做出的每一项决策，都会直接影响场馆设施供给方向，甚至是场馆设施供给营收效益。实际上，政府部门既是场馆设施供给决策规划方，又是场馆设施供给决策制定或表决方，由专家或地方人民群众提出的决策建议，只具备相应的参考作用。决策流程具有重要的导向意义，任何科学决策机制在建立之前，都必须保障决策流程合理完善并顺利实施。场馆设施供给决策同样需要完善决策流程，各地政府部门应该保证决策流程科学合理，并针对决策建议或意见做出详细调研论证，从地方公共文化服务设施供给情况分析，同时站在地方财政经济承受能力角度考虑，建立符合场馆设施供给的科学决策机制。另外，针对已建立的科学决策机制，各地政府部门需开展长效化监督管理。

1. 建立多层级、多系统的合作供给决策机制

各地场馆设施供给决策机制，建立在各地政府部门开展决策实施管理基础上。也就是说，地方政府部门可以按照地方公共基础设施建设情况，自行制定相应的决策规划。但在缺乏合作交流的前提下，地方场馆设施供给决策机制会呈现盲目性特征，即不符合场馆设施供给服务需求，影响场馆设施供给服务质量。综合来看，强化各级政府部门合作意识，形成多维联动系统模式，破解各自规划并实施场馆设施供给决策的现实困境。根据现行的场馆设施供给模式，前期场馆设施供给由各地各级政府部门主导完成，而后期运营开发管理工作则呈现分散化状态，即缺乏较为明确统一的归属领导。由此可知，不同层级政府、不同系统和不同部门，需要以共同合作的方式来完善场馆设施供给决策机制，这样才可以保证场馆设施供给资源实现持续运转。

2. 科学合理确定场馆设施供给规模

场馆设施供给规模大小关系政府资金投入程度。实际调研数据为科学制定决策提供必要的支撑，在决定场馆设施供给规模之前，政府部门需要综合权衡财政资金投入与场馆设施供给管理的关系，既要保证群众获得基础性公共文化娱乐需求，又要减免大幅度的财政资金开支。为此，要形成场馆设施供给规模调研报告，详细听取相关领域专家提出的措施建议，总结群众场馆设施供给规模建设的态度，按照财政资金投入实际规划场馆设施供给规模，体现政府决策的合理性和可行性特征。

3. 妥善确定场馆设施的提供方式与生产方式

场馆设施供给规模涉及财政资金投入问题，既然决定完善场馆设施供给规模建设，那么政府就需要按时完成财政资金划拨工作。但综合我国场馆设施供给模式分析，地方政府可用于场馆设施供给的资金有限，不得不面向社会资本力量寻求合作。在此情况下，场馆设施供给服务方式就更为丰富，形成以公益性和市场化相融合的特征。但由于场馆设施供给后期存在不确定性营收因素，这成为多数社会资本力量参与度不高的原因，只能由政府全额拨款独立完成。

场馆设施生产方式，是指场馆设施供给完成后所得的经营效益。政府始终在场馆设施供给过程中处于引导地位，政府可以自行决定采取哪种模式完成场馆设施建设。如今，在市场化浪潮愈演愈烈的背景下，各地政府部门已经加大与社会资本的合作力度，各地政府部门会将场馆设施后期运营管理权交付给社会资本，由他们独立完成场馆设施生产性营收工作，这种合作模式可以最大程度上发挥市场机制的优势。

（四）引入竞争机制，建立激励机制，降低场馆设施供给成本

长期以来，我国场馆设施供给责任主体大多以政府为主，即由政府自主负责场馆设施供给运营模式，这就必然会引发一系列弊端问题，如场馆设施供给运营效益低下、场馆设施供给服务质量降低等。而伴随市场化的深入发展，建立市场竞争机制和长效激励举措，已成为解决场馆设施供给成本的主要方法。引入社会资本力量参与场馆设施供给运作，是强化场馆设施市场竞争力的有力途径，政府部门可以采用项目代建制或项目法人招标制，寻求与社会资本力量的合作，这样既可以减少政府资金投入，又可以拓宽场馆设施供给渠道，提高社会效益。另外，建立长效激励机制符合现行场馆设施供给模式发展需求，激励性举措能够为提高场馆设施供给竞争力提供保障，赋予社会资本合作方以运营管理权，应成为长效激励机制的重点，这种运营管理权实际上与场馆设施供给效益挂钩。

政府单独划拨财政资金用于场馆设施供给管理，确实可以完善场馆设施供给，但也会缺乏相对持久的运营管理规划。当然，这是由场馆设施供给性质决定的。政府部门以行使公共服务设施建设为主要职能，从而满足群众基本的公共文化服务需求，但这会减少场馆设施后期供应服务水平。在引入市场竞争机制后，社会资本力量成为运营管理场馆设施供给的责任方，这些社会资本力量会产生与政府部门不同的目标需求导向，即以追求社会经营效益为动机，减少场馆设施后期运营管理成本。从此角度分析，政府引入社会资本力量参与场馆设施供给管理，实际上可以改善场馆设施供给环境，扩大场馆设施供给产品类型和服务范围，提高群众满意度。但是，引入社会资本力量并不意味着政府放弃对场馆设施供给过程的监督，反而需要帮助社会资本力量建立公平的竞争机制，这是后期开展场馆设施供给运营的关键。另外，场馆设施供给与社会市场经营效益存在对应关系，在场馆设施供给质量欠佳的情况下，场馆设施运营主体会损失部分成本利润，这会直接缩减场馆设施供给价值。但是，如果政府部门能够形成有效的激励举措，那么就能强化场馆设施运营主体的竞争服务意识，合理规划场馆设施供给服务产品。

（五）建立政校场馆设施合作供给机制

我国场馆设施供给涵盖类型多样，其中就包括学校场馆设施供给。根据数据统计资料，学校场馆设施供给占全国场馆设施供给的56%。由此可知，学校场馆设施供给在全国场馆设施供给中占据着重要地位。随着国家赛事交流活动日益增多，学校逐渐成为场馆设施供给主体，部分全运会甚至是亚运会、奥运会赛事活动，都会选择学校作为场馆设施供给方，由此推动学校场馆设施供给质量和标准不断提升。就目前我国现有场馆设施供给状况来看，学校场馆设施供给可以有效解决场馆设施供给诸多问题，如后期运营开发管理不足、场馆设施供给局部过剩等。因此，政府部门可尝试增加与学校的合作力度，逐步推进学校场馆设施供给。

建立政校合作供给机制，成为当前及未来场馆设施供给主要策略。政府职能部门负责为场馆设施供给划拨财政资金，有权决定场馆设施供给模式。但是，政府职能部门行政管理工作与运营开发工作是系统分割的，这会使场馆设施产生重复供给服务等弊端。而要想打破这一系统界限，政府就应该积极寻求建立政校合作机制，妥善解决场馆设施后期运营开发供给等问题。政府体育行政管理部门承担组建大型赛事交流活动的职责，学校则拥有承办大型赛事交流活动的资源基础条件，形成以政校合作为主导的机制，能为实现场馆设施供给价值提供保障。从社会效益角度分析，政校场馆设施合作机制符合政府、学校、普通群众共同利益需求，在顺利推动大型赛事交流活动举办的同时，既为学校升级改造场馆体育设施提供有利条件，又为普通群众获得基础公共文化健身诉求提供解决方向。另外，政校合作共建场馆供给设施，其实同样能够缓解政府、学校两方的财政资金划拨压力。因此，在现行场馆设施供给模式中，政校场馆设施合作机制具有较为突出的优越性，已成为世界范围内予以推广的主流机制。

针对场馆设施规划布局建设，在政校场馆设施合作机制引导下，政府部门统一解决国家场馆设施与学校场馆设施规划难题，以此提升场馆设施后期运营开发效益。我国大型赛事交流活动多会选择由政校合作完成，如2008 年的北京奥运会，政府部门按照场馆设施供给统一规划原则，共同推进奥运场馆设施供给与学校场馆设施供给建设，保证提高场馆设施局部供给效率，并对场馆设施后期供给与运营开发做出有效部署。同时，针对国内举办的大型体育赛事，如全运会、校运会等，政府部门同样会选择与学校合作完成场馆设施供给建设。这就表明，政校场馆设施合作机制符合双方既得利益需求，在有效缓解场馆设施供给资金压力的基础上，顺利推进场馆设施后期供给与运营开发过程，从而相应提高场馆设施供给价值。实际上，学校既是场馆设施供给的重要组成部分，同样也是场馆设施供给的主要承担方，政府需要重视学校场馆设施供给作用，增加与学校合作力度。

第五章 高校体育课程资源

体育资源中除了社会上的一些资源外，还包含高校的体育资源，然而在高校中体育课程资源是一项十分重要的资源内容。本章将从高校体育课程资源的理论研究、高校体育课程资源的开发与利用、高校课程资源的平衡与优化以及体育课程资源的建设与开发这四个方面进行详细的论述。

第一节 理论研究

一、体育课程资源论的学科性质

探索体育课程学科性质归属，是体育课程资源论研究重点内容。在明确对体育课程改革研究深化的背景下，开发体育课程资源，成为研究和判定体育课程资源论学科性质的关键。随着对体育课程资源论研究的深入发展，必将推动体育课程资源论成为独立学科。建立和发展体育课程资源论学科，关键是要分析体育课程资源论的学科性质。现有的研究观点对体育课程资源论学科归属做出分析，认为其属于课程论分支学科，并且可归属为体育科学分支领域。这就表明，体育课程资源论学科性质存在交叉性特征，涵盖教育学科与体育学科两方面。

综合来看，研究体育课程资源论涉及领域，要以研究体育课程存在的特殊问题为依据，以课程资源论研究理论及概念方法为支撑，从中揭示体育课程蕴涵的特殊规律。但是，在研究体育课程资源论过程中，不能只注重运用课程资源论研究方法，而应该综合课程理论和体育学科理论，为专门研究体育课程资源问题提供指导，为体育课程构建理论体系，这才是体育课程资源论重点内容。应该说，体育课程资源论对研究、分析体育课程资源问题具有重要指导意义，可以顺利推动体育课程实践的开展。由此可知，体育课程资源论具有较强的应用性，它能独立指导研究体育课程学科体系，并针对性地提出研究视角。体育课程资源论虽然属于课程资源论分支，但却具有独特的学科应用价值。

二、体育课程资源的研究对象与内容

研究对象在学科研究领域中具有重要作用，成为指导学科开展内容研究的必要前提。在探讨体育课程资源研究内容之前，我们应分析它作为独立学科存在的性质。体育课程资源论属于教育科学分支学科，该学科将研究体育课程资源问题作为重点研究对象，但该研究进程目前仍处在探索阶段。明确体育课程资源论学科性质和研究对象后，就要对体育课程资源研究内容进行分析，首先要分析体育课程资源问题具体含义，它具体包含两方面：一是体育课程理论研究者，二是体育教育工作者。体育课程理论并不能完全适用于体育课程实际，这就表明体育课程内部存在矛盾关系。因此，才要将体育课程资源问题作为体育课程资源论研究对象。

具体来说，确立体育课程资源论研究对象的依据同样包含两方面因素：

一是体育课程资源论符合学科形成规律，即研究学科领域问题在推动学科形成与发展进程中具有重要意义。国外学者认为，学科领域研究对象必须以某种介质因素为基础，即人的思维活动。事实存在的自然现象需要被研究并加以论证，也就是应该将其视为一种科研问题，如针对苹果坠地这种常见的自然现象，要想研究该自然现象存在的某种规律，就应该按照问题研究思路开展科学探究，这就是科学研究形成的过程，该过程会形成独立学科及其分支领域。例如，马克思在撰写《资本论》前，就是以研究商品问题作为发端。这表明，课程资源论研究过程必然会产生与之相关的问题，而这些问题又能推动课程资源论研究进程。在探讨课程资源与教育关系方面，杜威就曾提出并分析了学生与课程之间的关系问题。因此，正是由于研究问题的存在，课程资源论才能获得持续性的发展，而作为课程资源论的分支学科，体育课程资源论以研究体育课程问题为导向，基于客观实际需要，对体育课程资源问题进行深入研究。

二是研究体育课程资源论旨在解决体育课程领域存在的特殊矛盾。科学研究对象具有特殊的矛盾性，这是区分科学研究的主要依据，而科学研究过程，就是要找出科学研究对象存在的矛盾关系，并提出解决思路。体育课程资源论以研究体育课程资源领域为主，该领域所蕴涵的矛盾关系主要是：体育课程教育目标不能适应体育课程教育对象身心发展水平。在明确体育课程资源领域存在的矛盾关系后，就需要分析解决该矛盾关系的方法。因此，体育课程资源就成为体育课程资源论的主要研究内容。

具体来说，体育课程资源包含以下几方面研究内容。

第一，体育课程资源实施目标。基础决策必须涵盖目标导向，体育课程资源实施目标，是指导体育课程资源开发的基础依据，成为体育课程资源论研究的基本问题。

第二，体育课程资源开发环节。研究体育课程资源实施开发问题，需以体育课程教育计划为标准，确定体育课程实施评价体系，由此完善体育课程功能活动，适应体育课程社会发展需求。

第三，体育课程资源内容安排。体育课程资源论研究重点即为体育课程资源内容，在体育课程资源开发环节过程中，要选择体育课程资源实施内容，确保体育课程资源目标能够如期实现。

第四，体育课程资源要素设计。设计体育课程资源实施计划，是有效组织体育课程各环节要素的关键。但是，在体育课程资源设计之前，需要详细分析体育课程各环节要素特点。

第五，体育课程资源实施流程。研究体育课程资源实施流程，属于体育课程设计的重要组成部分，对实现体育课程改革目标具有导向作用。

第六，体育课程资源评价体系。研究体育课程资源各环节要素实施效果，需要建立针对性的方法原则，并以特定的实施途径判断体育课程资源价值和特点。构建体育课程资源评价体系，旨在完善体育课程资源实施各环节要素。当前，研究体育课程资源评价体系，成为体育课程资源研究领域的重点问题。

综合而言，体育课程资源论涉及研究领域较为广泛，上述几方面研究内容对体育课程资源体系构建具有重要指导意义。

三、高校体育课程资源理论研究的方法

（一）体育课程资源理论研究的方法论

体育课程资源作为专门研究体育课程问题的一个方面，其相关理论正在探索建立过程中，因此无从谈起自己的方法论和具体的研究方法。体育课程资源作为体育课程论重要的一个方面，不仅仅是体育课程理论知识的集合物，也包含着学者们在方法论上的探索。正如有人指出的"科学知识和方法论构成了科学的两大部分就像经线和纬线构成织物一样"。因此，学科研究的方法论对课程资源理论的发展有重要的促进作用。所谓的科学研究方法论是指以辩证唯物论和认识论为指导、以科学研究方法为基础内容的系统理论。各种具体科学研究方法必须以正确的哲学方法论为指导。体育课程资源理论的研究应以马克思列宁主义理论为指导，贯彻辩证唯物主义和历史唯物主义原则，整合相关基础学科的理论，全面、辩证、系统地研究体育课程资源，从而形成体育课程资源的哲学研究方法。

我们首先应该坚持马克思主义方法论，贯彻辩证唯物主义和历史唯物主义精神。从方法论的角度看，马克思的辩证唯物主义和历史唯物主义具有哲学方法论和具体研究方法论的两层含义。在哲学层面上，强调知识来源于实践，强调经验事实先于理论存在，主张以人的活动作为哲学思考的重心，强调发展的观点，反对静态的分析。马克思主义的政治经济学分析方法、社会阶段分析方法为我们辩证地分析体育课程的社会性提供了理论指导。辩证唯物主义和历史唯物主义则使我们掌握了一把分析体育课程资源史、分析体育课程与其他课程之间辩证关系的钥匙。在研究方法层面上，马克思主义辩证法强调研究过程的实践性和经验性，重视以客观事实来说明事物的普遍规律。因此，马克思主义方法论是我们体育课程论研究方法论的核心。探讨体育课程资源研究的哲学方式将有助于揭示哲学在体育课程研究中的基础作用，形成的哲学命题主要有体育课程本质论、体育课程目的论、体育课程认识论、体育课程资源价值论以及有关体育课程研究的方法论等。

其次要根据运动逻辑学方法论研究体育课程资源理论。逻辑学具有哲学思维特征，但逻辑学强调按照规律和方法展开科学思维论证，这使逻辑学脱离哲学体系，成为一门相对独立的学科。现代逻辑学已成为现代社会科学和自然科学采用的方法，正确运用逻辑学指导研究工作，可使研究结果更加严谨准确。针对体育课程论展开逻辑研究，必须遵循逻辑学指导原则和要求，根据研究目的确定逻辑研究方法和过程。因此，我们应该以逻辑学理论方法为指导，对体育课程资源理论应用及构建过程展开研究。

所谓理论应用，是指针对学科理论展开实际调研，检验理论成果是否具备应用价值。体育课程资源理论应用过程，以体育课程设计理论为应用依据，对体育课程目标设置是否合理、科学展开调研。运用逻辑学研究体育课程资源理论，应该注重逻辑演绎方法在应用过程中的价值，以逻辑演绎为起点，首先设定体育课程资源理论假说，然后通过实验、调查论证等步骤对设定假说进行验证，最后根据验证结果做出逻辑推论及证明。所谓构建理论过程，是指综合逻辑推论及证明结果，系统归纳理论概念体系。体育课程资源理论构建过程，以逻辑演绎判断为基础，针对体育课程资源类别进行概念归纳，即逻辑归纳过程。实验及调查结果是逻辑归纳的必要性前提，也就是要确保实验和调查参数详实，才能对参数进行系统分析和归纳。理论应用和理论构建，是研究体育课程资源的重要依据。

（二）体育课程资源理论研究的研究取向

所谓的研究取向是指在方法论的指导下，选取以及分析研究资料时的基本指向或侧重。可分为正向研究和负向研究、定量研究和定性研究。

正向研究是指选取正面的、理想的、常态的、积极的课程问题进行研究，从而揭示相关规律，构建有关理论。负向研究则是选取课程问题中的"病理"加以研究，从而揭示某些事实，进而构建有关理论，据此提出相应对策。正向研究和负向研究都是体育课程资源论可以运用的研究取向，究竟以何为主，主要根据具体的研究对象、研究目的而定。过去传统的乃至今天的教育学、课程研究中多采用正向研究取向，选取的教育现象多是正面的、理想化的。因而研究的视野不够宽阔。体育课程资源研究既然是体育课程改革过程中的主要研究问题，以揭示体育课程的特殊规律和本质为己任，因此就不仅要研究常态的、正面的体育课程资源问题，而且还要研究"病态的"、负面的体育课程资源问题。

定量研究，是针对事物特定发展进行量化分析的过程，如事物特定阶段会涵盖发展规模、速度、程度、空间排列等要素，并且能以量化形式呈现出来。定量研究旨在揭示事物内部或外部蕴涵的某种特定规律，数值测算结果反映要素变量之间的相互关系，研究人员据此建立模型并得出事物本质特征。定量研究方法确实可以帮助人们更为准确地认知学科形成、发展规律，但并非所有学科研究都需要借助定量研究来完成，如体育教育领域中的体育课程资源等。数字可以反映事物发展现象、问题及特性，但却不能揭示事物内在的意义、本质和价值。这就表明，定量研究只是作为一种论证方法而存在，并非适用于所有研究领域。在社会科学家看来，定性研究具有较为重要的应用价值。定性研究旨在揭示事物本质特性，定性研究过程存在互动关系，也就是说，研究者只有和被研究者长期产生交流互动，才能深入、细致地体验、调查某种本质现象，从中分析事物蕴涵的本质特征。相较于定量研究，定性研究更适用于分析体育课程资源运作中的问题。具体来说，定性研究人员需要保持研究过程的开放性和自然性，要通过亲身参与或实际访谈等方式，形成细致观察分析和调查总结。定性研究强调分析与归纳，注重被研究者的实际感受，并建立假说和理论。对体育课程资源进行定性研究的目的不是通过对样本的研究找到一个可以推广的普遍规律，而是对体育课程资源进行深入细致的研究，再现其本质，建立其理论，从而指导体育教学实践。可见，定性研究从某种意义上讲是一种更为接近事物本质的事实研究。相对于自然科学的研究对象而言，社会科学研究对象的本质更适合于以定性研究来把握。因此，我们认为对体育课程资源的研究应以定性研究为主，以定量研究为辅，两种取向相辅相成，共同为体育课程资源理论研究作出贡献。

第二节　开发与利用

一、体育课程资源开发和利用的意义

体育课程资源是体育课程存在的必要基础，体育课程是体育课程资源开发和利用的主要渠道。这表明，体育课程资源建设对体育课程教育成果具有重要指导意义。因此，深化体育课程改革，必须重视体育课程资源开发和利用价值，体现体育课程教育成果。

（一）有利于体育校本课程的开发

校本课程开发以国家教育方针、课程管理政策和课程计划为依据，针对本校学生身心发展特点和需求，结合学校传统优势课程资源，自主构建校本课程资源体系。具体来讲，校本课程重视学生主体身心发展规律，强调展现学生学习个性，充分体现学校自主创造性教育特色。

我国课程管理政策处在动态调整阶段，实施课程管理政策改革，旨在完善课程管理决策权利分配步骤及模式。不同国家采取的课程行政管理体制存在差异，但主要分为两种：一是强调课程开发的统一性，即由国家统一管理课程开发环节，包括中国、俄罗斯、日本、韩国等国家都采取此种课程行政管理体制。二是强调课程开发的自主性，即各级院校有权决定对课程进行开发，包括美国、英国、澳大利亚等国家都采取自主化的课程行政管理体制。综合而言，两种课程行政管理体制各有其优劣之处。根据我国课程开发管理趋势分析，我国课程行政管理体制逐渐开放性特征，即国家开始有序减少对地方院校课程开发的干预力度。这就表明，地方院校课程开发拥有较强的自主性，成为课程改革深化发展的重要特征。

就目前我国课程改革现状分析，国家仍然较为重视对地方院校课程开发的管理，虽然部分院校已构建校本课程开发体系，但最终需要得到国家教育部门的认可。在基础教育课程改革纵深化发展的背景下，体育课程管理机制和教学模式呈现新的变化趋势，根据《体育课程标准》管理内容要求，国家教育行政主管部门不再对地方体育课程做硬性规定，地方院校可结合办学特色、学生规模类型、区域教育环境等特征，自主开发具有优势特色的体育课程资源。由此可知，逐步建立健全国家、地方和学校课程三级管理体系，成为体育课程管理体制改革最新变化趋势。开发体育校本课程，一方面能够体现我国课程行政管理体制走向均衡化的特征，另一方面能够推动地方院校体育课程改革向纵深化方向发展。

从当前课程改革现状进行分析，校本课程资源开发具有现实意义。由学校自主开发的课程资源，与国家规定的课程资源存在相互交叉点，从而使课程资源开发活动更具多元化特征。体育校本课程资源开发，将校本课程与课程资源开发相整合，使体育课程开发范围更加广泛。开发校本课程不是简单编写课程教材，而是针对学校教育特色、学生身心特征进行资源整合，构建个性鲜明的校本课程资源。因此，体育校本课程资源开发具有重要的现实意义。

（二）有利于教师业务水平的提高

校本课程资源开发注重多元性，而拓宽校本课程资源开发范围，就需要广泛调动一线体育教师积极性，拓宽课程资源开发思维观念，形成学科专家、一线体育教师多元并存的局面。需要指出的是，体育教师不仅承担着利用体育课程资源的任务，而且还承担着开发或创新体育课程资源的任务。尤其是一线体育教师，他们更能掌握学生身心发展需求，更加了解学生具备的学校个性特征。因此，一线体育教师应该成为体育课程资源开发与利用的主体。体育教师利用体育课程资源的过程，其实也是再次开发体育课程资源、提升个人教学水平的过程。

开发课程资源，是教师实现自我完善的体现。体育教师要想提高体育专业教学效率，就需要重视体育课程开发力度。课程改革深化发展，对教师教学技能、知识储备、发展动机及管理热情等方面提出新要求，教师应该保持积极主动的心理行为，将课程开发作为改善教学质量的关键。在现行的国家、地方和学校三级课程管理体制下，体育教师应该重视体育课程资源开发的价值，积极探寻适合学生学习的体育课程资源。总之，完善校本课程资源开发利用工作体系，需要重视教师在课程资源开发利用中的主体地位。地方院校体育教师作为地方体育校本课程的开发利用主体，应该定期参加体育课程资源开发培训工作。

（三）有利于重构体育课程内容体系

中华人民共和国成立至今，学科中心课程论成为指导院校课程内容体系建设的主要依据，体育课程内容体系建设同样深受学科中心课程论的影响。学科中心课程建设，主要是围绕专业性学科领域进行课程开发工作，设计课程教学内容需突出知识结构体系，保证学科教学更具科学化、现代化。下面将对学科中心课程论基本特征展开具体分析。第一，学术性。任何学科课程教学内容，都需要体现专业学术特征。学科课程教材逻辑组织，可以反映学科课程的可教授性质，强化学科课程学问导向，是构成学科课程教学内容来源的关键要素。第二，专门性。学科课程内容涵盖专业化的学科知识体系，学科课程内容应专业并具有明确指向，避免出现因课程融合导致知识结构体系混乱等情况。学科中心课程拥有较强的学术性，要通过实施课程专门化教学，有效组织各学术领域的内在逻辑。第三，结构性。学科中心课程内容教学强调突出知识结构体系，学科中心课程必须围绕学科结构开展建设。具体来说，学科中心课程内容教学要包含两个层面：一是学科中心课程知识结构体系，需由一般概念及原理组成；二是形成基于学科中心课程内容教学的方法和态度。把握这两个层面，可以有效完善学科中心课程内容体系。根据学科课程基本观点，在组织学术逻辑过程中，应该考虑学科课程教学心理逻辑这一因素，这是有效把握学科结构的关键。体育课程内容体系由体育学科逻辑与体育学科结构组成，在学科中心课程论的影响下，我国体育课程注重围绕运动技术展开结构教学，体育课程教师拥有较强的技术教育思想，学生以体育课程教师为中心，组织学习竞技运动训练方式方法。因此，体育课程教学具有较强的集体性特征。现代教育强调重视学生的个性学习心理，这种体育课程教学过程反而会限制学生个性思维发展，而体育课程资源开发与利用，则为构建现代体育课程内容体系提供指导策略。

二、体育课程资源开发和利用的价值

课程资源开发主体向多元化方向发展，地方院校及学科课程教师，在课程资源开发过程中占据重要地位。但对学校和教师而言，课程资源开发结构不仅包括含义和种类两方面，而且还包括课程资源开发利用价值。

从学生角度进行分析，课程资源开发与利用，确实有利于推动学生的发展。一方面，开发课程资源是促进课程资源教学多元化的保障，可以有效拓宽学生认知视野；另一方面，开发课程资源以围绕学生个性学习心理为中心，学生既是课程资源的利用主体，又是完善课程资源开发内容的推动者。课程资源开发主要目的，是为学生提供多元化的课程学习资源，发散学生认知思维，帮助学生在利用课程资源过程中实现自我价值。

从教师角度进行分析，学科课程教师在课程资源开发过程中具有重要的作用。一方面，围绕新课程教学内容构建资源开发体系，对学科课程教师提出较高的素养能力要求；另一方面，以往的教育教学手段或方式，不符合既有的学科课程教学内容，这会促进教师强化课程资源开发与利用意识，实现自我发展。

三、体育课程资源开发和利用的途径及方法

能否把握体育课程内容资源，是围绕体育课程构建资源开发体系的关键要求。人类体育文化历史发展悠久，该过程会产生各种形式的体育文化要素，包括民间传统体育、社会体育及竞技运动等，这些成为构建体育课程内容资源的重要来源。但是，如果不能有效把握体育课程内容资源，那么就会降低体育课程资源利用价值。因此，需要分析体育课程资源开发利

用途径，并掌握其中构建方法。

（一）改造现有的竞技运动项目

竞技运动项目呈现较强的竞技娱乐特征。因此，竞技体育成为开发体育课程资源的重要渠道来源。在开发竞技体育课程资源过程中，课程资源开发者需要重点注意两点，即竞技运动项目包含的技艺和心理要求。竞技运动项目类型多样，各类型竞技运动项目都会体现一定的趣味性、价值性及实用性等特征，要想改造现有的竞技运动项目，就要考虑现代学生学习个性心理和差异情况，满足竞技运动项目提出的技艺和心理要求。竞技运动项目融入体育课程教学，一定程度上反映现代体育竞技运动教材化的趋势。当然，竞技运动项目不可避免地存在冲突因素，在改造现有的竞技运动项目过程中，课程资源开发者需要重点强化健康导向意识，以合理的体育教学方式方法，保证学生获得健康的身心素养。因此，如何掌握改造现有竞技运动项目方法，就显得尤为重要。具体可参照以下几点。

第一，设置简单的比赛要求，保证学生能够积极融入比赛氛围，轻松加入各个比赛环节。

第二，设置简单的比赛战术，保证基本比赛战术能够适应学生身心发展特点。

第三，适当简化比赛内容，删减部分较难理解、较为陈旧的比赛规则和内容，以迎合学生积极心理为主，没有必要强调与原比赛内容相一致。

第四，适当降低比赛难度要求，如比赛动作等级、比赛训练程度和比赛参与水平等，尽量减少比赛器具重量。

第五，适当调整比赛场地和器材，考虑学生个性特征（如年龄、性别及身高等），保证学生积极参与比赛过程。

（二）引进新兴运动项目

现代社会拥有大量新兴的运动项目，这主要与人类积极参与休闲娱乐及健身活动有关。现有的新兴运动项目成为体育课程资源构成部分，开发新兴运动项目资源并加以利用，可以拓宽体育课堂教学内容，吸引学生参与体育课程内容教学。常见的新兴运动项目有攀岩、野营、保龄球、轮滑、等，该类新兴运动项目具有较强的娱乐特征，并且不受场地器材资源限制，学生能够根据动作训练完成新兴运动项目学习。

（三）开发民族、民间传统体育资源

我国民族、民间传统体育资源类型丰富多样，这与我国悠久的民族体育文化发展历史密切关联，现存的群众性体育形式，如武术、龙舟、舞狮等，得到大量群众的参与支持。开发体育课程资源，可以适当借鉴传统体育资源，形成具有民族传统特色的体育课程内容教学。在利用传统体育资源过程中，可以结合学校体育教学特色构建各类体育健康课程，提高学生生活经验认知，积极参与课程内容学习。民族、民间传统体育资源已成为体育课程资源开发利用的来源，在体育课程中融入民族传统体育特色，有助于提升学生的民族感和自豪感。

改造民族传统体育项目内容，要遵循体育课程资源开发利用特征，适当选取符合教学特色的体育活动项目，注意保持与学生的联系性，按照学生个性学习心理和差异化特点，创新体育课程内容教学形式。针对传统体育资源，如武术、健身体操、舞龙、舞狮等，开发利用过程中需要体现民间游戏特点。此外，开发传统体育资源，可以根据学生的生活经验进行选择，增加学生的参与学习兴趣。但是，教师需要考虑传统体育资源的内部因素，如场地器材等，适当创新民族民间体育活动形式。

第三节　平衡与优化

一、高校体育课程资源的平衡协调

在推进课程改革过程中，课程资源概念体系逐渐形成。根据课程资源概念分析，课程要素成为形成课程资源的来源，课程资源为实施课程教学提供必要且直接的条件支持。按照广义和狭义概念区分，广义的课程资源是指，能够推动实现课程目标的要素，而狭义的课程资源是指，直接构成课程要素的来源。高校体育课程资源是构建高校体育课程要素的直接来源，在实施体育课程改革中具有重要作用。高校体育课程资源成为指导高校体育课程内容、构建高校体育课程方法体系的条件保证，是实现课程建设的主要途径。当然，开发利用课程资源，需要高校体育课程管理者与实施者综合教学实际进行考虑，如高校体育课程目标、高校体育课程任务及高校体育课程质量等要素。因此，对现代高校体育课程教学改革而言，不能盲目开发与利用高校体育课程资源，而应结合实际平衡协调高校体育课程资源。

（一）素材性与条件性体育课程资源平衡协调

根据高校体育课程资源功能特点分析，素材性资源与条件性资源在平衡协调体育课程资源过程中，发挥着重要的指导作用。所谓体育课程素材资源，是指强化学生体育学习和锻炼意识的要素，包括体育健康知识、体育文化、体育锻炼手段方法、体育教学组织与开展形式、体育课程实施目标与任务、体育情感价值观念等。所谓体育课程条件资源，是指有助于直接改善学生体育学习和锻炼意识的辅助资源总和，包括体育课程教学人力资源、财力资源、时间资源、体育场馆空间资源及体育器材资源等。高校体育课程资源处于动态平衡状态,体育课程素材资源成为决定高校体育课程资源实施路径的"软要素",围绕体育课程目标、体育课程内容和体育课程方法体系开展,最终对体育课程教学质量产生决定性影响。相较于体育课程素材资源,体育课程条件资源则是构成高校体育课程资源实施路径的"硬要素",它主要围绕体育课程素材资源开展操作平台建设工作,为体育课程实施范围与水平提供基础保证。总体而言,体育课程素材资源与条件资源是构成体育课程资源的主体。

体育课程结构形态主要受教育思想及理念的制约,导致体育课程资源开发利用程度处在低水平阶段。尤其是在我国中西部新建院校地区,课程资源建设工作未能充分开展,之所以会产生这一情况,是因为缺乏多元化的高校体育课程资源,并且未能形成较为完善的体育课程资源意识,由于缺乏对高校体育课程资源的开发与利用,导致部分素材资源及条件资源大幅度流失,从而也就不能体现"健康第一"的教育指导理念,影响高校体育课程教育教学质量。体育课程素材及条件资源涵盖类型广泛,如果仅沿用毫无创新性的、不合时宜的传统体育课程资源,并且仅是利用校内体育场馆空间设施和体育器材,那么最终只会影响高校体育课程教育教学质量改革进度。不仅是我国中西部新建院校地区,东部高校课程资源开发与利用同样呈现非均衡发展状态,缺少对体育课程素材资源的关注,未能有效构建新兴体育教育理念及教学内容,忽略了对体育课程教学方法的创新。同样,在开发体育课程条件资源过程中,东部高校仅是注重体育场馆设施的外在形式,没有系统考虑体育场馆设施的内部架构,即体育场馆设施对体育课程建设、体育课程实施过程与结果的影响。另外,东部高校虽然注重开发竞技体育项目,但在综合利用过程中却缺少教学内容创新特色,未能体现人文关怀教育特征,这会降低学生学习体育课程的兴趣。

认清高校体育课程素材资源与高校体育课程条件资源的关系,是完善高校体育课程资源开发利用工作水平的基础。体育课程素材资源与体育课程条件资源相互影响、相互发展，从开发利用体育课程资源主体来说，高校体育教师既是体育课程素材资源的组成来源，又是体育课程条件资源的关键部分。高校体育课程教师可适当转化体育课程条件资源，挖掘、筛选并加工适合体育课程素材资源的部分，这样可以有效改善体育课程实施质量。如今，高校体育课程教学改革能够体现资源融合性特征，如在针对高校体育篮球运动项目开展课程教学时，高校体育课程教师会考虑高校女生的力量差异，通过适当调节篮板高度这一体育课程条件资源，以此弥补技术训练这一体育课程素材资源教学差异，体现高校体育课程具有的健身娱乐等特征。开展高校体育课程教学，尤其要注重培育高校学生的自我效能感，而要实现该教学目标，需要综合转化体育课程素材资源和体育课程条件资源，确保高校学生能够轻松地学习体育运动项目，并且能够流畅自如地完成技术动作训练。体育运动项目本身具备较高的竞赛规则要求，高校体育课程教师需要适当改造体育运动项目教学考评细则，保证体育运动项目教学符合高校学生身心发展特征。例如，在针对体育攀岩运动项目展开课程教学时，体育课程教师应首先考虑该类项目具备哪些素材及条件资源特征，从时间要素和空间要素等方面提出体育课程资源开发利用策略，既要保证体育攀岩运动项目教学能够赢得学生的青睐，又要保证体育攀岩运动项目教学体现"健康性""娱乐性"特征，以此强化学生环境适应能力锻炼意识。众多具有鲜明特色的体育课程素材资源，成为拓宽体育课程内容的基础保障，无论是人文性素材资源，还是自然性素材资源，这些都具备较高的开发与利用价值，对及时跟进并落实体育课程教学目标具有重要作用。教师与学生是高校体育课程资源开发利用主体，从体育课程实施运作角度分析，高校体育课程教师需要具备较高的职业素养，根据个人教学经验、情感态度价值观念等，动态调整、平衡体育课程资源。当然，高校体育课程教师应该注重对认知与情感因素的分析，将其纳入体育课程隐性素材资源中，这样可以确保体育课程资源利用质量。

（二）校内体育课程资源与校外体育课程资源平衡协调

按照高校体育课程资源空间分布特征分析，高校体育课程资源可由校内体育课程资源与校外体育课程资源构成。校内体育课程资源涵盖体育课程素材资源与体育课程条件资源两类，一般而言，校内体育课程资源具备较高的使用频率，这是因为校内体育课程资源开发利用便捷，所以校内体育课程资源拥有较大的指导价值。相较于校内体育课程资源而言，校外体育课程资源则成为辅助体育课程教学的手段。综合来看，在我国学校体育发展历程中，形成了各类型的体育课程教学内容资源，包括军事竞技体育、群众性体育游戏活动、民族传统体育等，这些成为构建高校体育课程内容体系的重要来源，对高校体育课程教学活动开展具有重要影响。高校体育课程素材资源以社会形态为基础，无论是早期的兵式体操，还是后来的竞技体育项目，都成为丰富高校体育课程素材资源的关键，这也使得高校体育课程内容体系不断完善健全。

随着社会教育教学改革进程的发展，校外体育课程资源逐步呈现两方面特征。第一，校外体育课程资源涵盖类型多样，能够体现开放式教育理念；第二，校外体育课程资源为高校构建开放式体育课程教学模式奠定必要基础。同时，高校内部体育课程资源与校外体育资源交融程度加深，如社区健身娱乐体育项目就可借鉴校内体育课程资源，由此形成具有大众娱乐特征的体育活动。新兴的校外体育项目资源，逐渐成为指导体育课程内容教学的依据，体育课程教师需形成开发利用校外体育项目资源的意识。

当前，如何综合开发与利用校外体育资源，已成为体育课程教师重点研究的课题。具体来讲，高校体育课程教师可从体育课程资源转化机制入手，适当开发符合学生学习心理的校外课程资源，帮助学生克服消极学习与训练情绪。另外，社区及自然资源对推动人类体育发展具有重要作用，高校体育课程教师可融合校外体育课程资源，促进校内体育运动项目与校外大众体育项目的联系，简单来说，就是要确保体育课程资源更具时代性及先进性特征。在整合校内外体育课程资源后，教师需要构建利用体育课程资源实施教学的机制，形成多元化的体育课程教育理念，完善体育课程内容体系，以新的体育课程教学思想及模式，推动体育课程教学改革与课程资源开发利用工作的顺利开展。为有效落实校外体育项目资源开发利用进度，体育课程教师可寻求与校外体育项目教练展开合作，为实施体育课程资源教学提供指导经验。

（三）体育课程资源平衡协调着力点

把握体育课程资源平衡协调着力点，需要改革体育课程结构模式。目前，我国体育课程教学内容与组织形式呈现多样化特征，不同院校实施体育课程资源教学存在相应差异，这就需要完善体育课程资源体系结构。具体分析，即综合融入体育课堂教学资源与校外体育活动资源，拓宽学生选择体育活动的范围，构建新型体育课程结构体系。

体育课程素材资源来源范围广阔，不但富有开发创造活力，而且富有无限延伸的利用空间，这种灵性与柔性支撑着体育课程内容与方法体系的构建与完善。因此，只有协调平衡体育课程素材资源开发利用程度，才能推动现代体育课程教学改革的发展。体育课程教师从来都是体育课程素材资源的开发利用者，体育课程教师以筛选、加工的方式探索符合课程内容教学的素材资源。在众多的体育课程素材资源中，体育课程教师以人力资源的形式存在，对实施体育课程资源教学起主导作用。这就表明，体育课程资源开发利用，必须借助体育课程教师这一载体来完成。

除体育课程教师外，高校体育课程人力资源还包括学习主管领导、各体育职能部门工作管理人员、班级主任、体育课程教学专家、训练指导教师、校外体育项目指导工作者等。由此可见，高校体育课程人力资源系统涵盖类型广泛。构建正确的高校体育课程教学价值观，可以驱使学生积极参与体育学习与训练活动中，增加学生对体育课程的经验感受，形成个性化的情感态度。体育课程建设需要注重学生的心理行为特点，激发学生创造利用体育课程资源的能力。

综合而言，体育课程教师是否具有良好的身心素养，会影响体育课程资源开发利用与平衡协调的程度。具体分析，体育课程教师是否能识别体育课程资源类型，并对开发利用体育课程资源范围做出调整规划，决定着体育课程资源实施的效益水平。体育课程教师身心素养包含教育观念、教育知识更新能力、教育教学理论与技术结合水平等要素，在认真研究体育课程资源的基础上，体育课程教师需要依靠自身素养，完成对体育课程资源的综合开发与创新利用。高校学科课程管理部门承担着提升体育课程教师身心素养的职责，必要时，高校学科课程管理部门需要为体育课程教师提供时间与资金支持。

协调体育课程素材资源与体育课程条件资源的融合关系，并对校内体育课程资源与校外体育课程资源做出平衡优化，按照体育课程资源构建环境、实施任务及条件等特征，探寻符合高校体育课程资源开发利用的最佳配置结合点，以保证体育课程资源能够发挥整体效益，为改善体育课程教学质量提供必要基础。在积极推动高校体育课程教学改革的前提下，高校体育课程教师需要形成新的教育指导思想，尊重学生学习心理，为学生提供健康的体育项目训练环境，这是参与开发利用体育课程资源的关键。此外，高校体育课程教师需要综合处理素材资源与条件资源运用关系，既要加以改造传统的、不合时宜的体育项目资源，又要注重体现高校体育课程教学魅力，加以整合校外体育项目资源，将其与校内体育课程资源加工和融合。为保证体育课程资源利用效益，高校体育课程教师需要完善体育课程建设规划工作，将体育课程资源开发利用作为体育课程教学研究的重点课题。应该明确的是，体育课程资源开发责任主体不仅只包括教师，还包括课程教育教学管理层，管理职责部门需要确保对体育课程资源开发的投入力度，如为体育课程教师提供各种媒体网络设施等。

二、高校体育课程资源的优化配置

在我国深化高校体育课程改革力度的背景下，如何优化配置高校体育课程资源，已成为高校开展体育课程研究工作的重点。总体来说，体育课程资源对推动体育课程目标实现水平具有重要指导意义，在新一轮高校体育课程改革过程中，体育课程资源作为一种新的概念得到广泛关注。体育课程资源属于课程资源的组成部分，它在改善体育课程教学质量中发挥着重要影响力，同时也是指导体育课程活动开展的重要因素。

优化高校体育课程资源配置，要以注重提高体育资源配置实施效益为核心，落实改善体育课程教学质量工作任务，以培养符合社会发展需要的体育人才。包括中国在内的各个国家，都将优化体育课程资源配置作为课程改革工作重点。美国及西方发达国家，同样考虑针对课程资源配置进行优化，不但要保证课程改革计划得以如期落实，而且还要提高课程资源适用效益。总之，合理协调体育课程改革目标与体育课程资源配置关系，成为现代体育课程教学重点研究课题。当前，我国尚未系统认识体育课程资源建设及优化配置问题，关于构建体育课程资源优化配置体系的理论性研究，仍缺乏系统性。针对此种现状，高校需要妥善处理体育课程理论教学与实践教学之间的关系，改变重育轻体的教学思想。

（一）高校体育课程资源优化配置中存在的主要问题

1.对体育教材的加工粗糙，利用课程资源缺乏针对性和目的性

根据已有的体育课程观念，在规定教学计划和规范教学内容的基础上，能够形成利于课程开展的体育教材。这就表明，体育教材对指导体育课程教学工作具有权威影响，于是就出现体育教学缺乏灵活性、重视统一要求、忽略学生身心素养发展差异、理论实践失衡等问题。如果单方面注重利用体育教材，那么就会使体育课程资源开发利用缺乏创新性，导致难以充分钻研、挖掘体育教材内容资源。另外，简单粗糙地加工体育教材不利于体育课程多元化教学的发展，难以突出体育课程资源特色。以跨越式跳高项目教学为例，体育课程教师首先会要求学生完成项目技术训练，然后利用校内体育课程资源（跳高器材、场地等），对学生训练过程做出指导教学，但由于校内体育课程资源有限，可能就会出现多个学生共用同种器材的现象，这其实不利于改善体育课程教学质量。因此，针对优化体育课程资源配置问题，必须要创新体育课程资源开发利用形式。

2.体育教师对课程资源开发和利用的能力不强

缺乏体育课程资源开发利用能力，主要与体育教师严格执行体育教学计划有关。但体育课程教学内容并非一成不变的，构建体育课程资源多元结构体系，才是创新体育课程教学内容的重点。按照新实施的体育课程教学标准，体育课程教师可以根据教学实际管理课程资源，也就是说，体育课程教师需要以开发体育课程资源为主，组织实施体育课程教学工作。体育课程资源涵盖类型多样，多元化的体育课程资源构成精彩生动的体育课程内容。相对其他学科而言，体育课外活动训练、校园体育运动会、校内体育团体组织、体育竞技赛事活动等，都属于校内体育课程资源的组成部分。开放性的体育课程资源，为体育课程教师开发利用体育课程资源奠定良好基础，但由于部分体育课程教师缺乏体育课程资源开发意识，导致体

育课程质量长期停滞不前。

3. 课程资源的利用范围窄，深度不够

当前，部分高校体育课程教师仍根据体育教材资源开展教学工作，这种"教条"思想实际上会束缚体育课程资源开发利用程度。其实，体育课程资源并非只包括教材、操场、器具设施等校内体育课程资源，还包括群众性体育运动项目、竞技体育比赛活动等校外体育课程资源。对体育课程教师而言，需要积极利用新媒体工具挖掘各类型的体育课程资源，帮助学生拓宽体育课程学习认知视野，形成积极学习体育课程的心理。应该明确的是，学生是否拥有良好的情感观念态度，很大程度上与体育课程资源开发利用程度有关，体育课程教师需要构建多元化的体育课程资源体系。

（二）实现普通高校体育课程资源优化配置的对策分析

1. 树立正确的、科学的体育课程资源优化配置观

当前，我国高校针对优化体育课程资源配置问题仍处于研究阶段，高校体育课程教师尚未形成系统的课程资源观。另外，各层级学校是开展体育课程教学的主要场所，体育课程教学存在固定的形式，这反而不利于高校体育课程资源的开发与利用。妥善优化体育课程资源配置，需要适当创新体育课程传授倾向，使体育课程内容符合学生身心发展需求，体现社会联系性。同时，要面向全体学生征集体育课程资源开发利用建议，以此构建多元化的体育课程资源体系，有机整合校内与校外体育课程资源，完善体育课程教学结构。综合选择各类符合体育课程教学要求的资源，可以丰富体育课程教学大纲内容和课程教材，并且能够引导体育课程教师变革教学行为方式，塑造新的角色认知。综合而言，体育课程教学目标、体育课程教学内容决定着体育课程资源开发利用的形式，明确体育课程资源种类及分布情况与体育课程目标之间的关联性，可以有效保证体育课程资源开发利用效益。因此，体育课程教师必须具备良好的知识结构素养，构建符

合体育课程教学目标的资源观。

2. 遵循健身性和文化性、优先性和兴趣性相结合的原则

新的体育课程资源观认为，现有的体育课程资源来源广泛、类型多元化，但部分体育课程资源或许不适用于体育课程教学。体育课程资源的使用是以学校实际情况为基础，同时遵循健身性和文化性、优先性和兴趣性相结合的原则，要充分使用已选定的体育课程资源。在体育课程改革的背景下，学校体育教学更加注重"健康第一"的中心理念，优化体育课程资源配置同样要考虑体育课程资源是否有利于学生身心的健康发展，要将其作为最基本的出发点，不断提高学生的体育素养。优化体育课程资源配置是有效体育课程资源的表现，这能为体育课程资源带来一定的使用价值。另外，结合体育课程资源实施体育课程教育教学时，需要突出展现体育课程资源蕴涵的文化内核，如参与协作精神、竞争拼搏精神等。当然，如果体育课程资源未能激发学生的学习兴趣，那么就不能体现体育课程资源已有的价值，兴趣是现代体育课程教育教学过程必须考虑的因素，积极主动地参与学习兴趣，能够有效推动体育课程教学内容、方法得到落实，进而帮助学生获得身心的全面发展。

3. 体育课程资源优化配置要有地域性特色

优化体育课程资源配置，既要着重考虑学校体育课程实际情况，又要突出体现体育课程资源的地域特色，因地制宜探寻适合学校、教师及学生发展的体育课程资源，充分发挥体育课程资源的优势特征。不同地域下的体育课程资源各自拥有类型特色，无论是种类、存在状态还是结构等多个方面，都会呈现一定的差异性。对体育课程教育教学人员来说，要仔细甄别体育课程资源的适用性，即能否发挥体育课程教学优势，突出体育课程教学特色。例如，针对地域自然环境特色开展体育课程资源教学时，可以重点利用周边地形地貌，根据山地丘陵来实施登山运动教学，根据平原来

实施球类竞技体育运动教学。另外，现有的民族民俗文化特色，同样可以构成丰富的体育文化资源，体育课程教师可以根据体育文化资源特征，开发具有民族文化特性的体育文化课程教学。

4.普通高校体育课程资源优化配置的互动平衡化

优化体育课程素材资源和条件资源平衡配置，并使二者之间呈现互动化，应该合理调节体育课程实施时间要素及空间要素，如场地资源、物资和设备资源等，这样才能确保高校体育课程资源教学顺利进行。开发利用体育课程素材资源，可以有效推动体育课程教育教学质量的提升，这是因为体育课程素材资源类型多元，具备较强的灵活性，能够带动学生发挥创造精神。另外，体育课程素材资源能够满足互动教学要求，师生之间的互动反而能够为体育课程创造各种活动形式及信息，互动教学也为体育课程资源带来无限生机，由此成为体育素材课程资源形成与发展的动力。但如果仅重视开发利用体育课程素材资源，那么就会打破体育课程素材资源与体育课程条件资源之间的平衡，所以应该重视体育课程条件资源建设。

第四节　资源建设与开发

一、高校体育课程资源开发的方法

体育课程资源开发手段类型多样，包括前期的筛选、中期的拓展与整合、后期的改造总结等，这是体育课程实践过程中必须掌握的内容。筛选体育课程资源，需要遵循一定的标准，然后从中挑选适合体育课程内容的部分。拓展体育课程资源，首先需要具体分析原有的体育课程资源特征，然后按照体育课程内容教学要求，对体育课程资源形式和功能进行扩展与补充。整合体育课程资源，要求系统汇总各类型体育课程资源要素，并按照相应方式将之有机组合在一起，构建新的体育课程内容。改造体育课程资源，首先需要分析体育课程实施对象和条件等特点，然后再对体育课程资源构成要素进行转换加工，形成适合体育课程内容的教学资源。总结体育课程资源，是对体育课程内容开发实践工作，进行经验及成果等方面的回顾、分析与反思，从中归纳具有特色的体育课程内容。不同的体育课程资源开发方法，会使体育课程资源内涵、特点、适用范围及实施步骤产生差异，这就需要结合具体的开发目标进行定量化考虑。

对体育课程实践的认知不同，会使体育学科专家、体育教师、学生形成不同的开发方法，即形成多样化的体育课程内容。通常来说，体育教师是实施开发体育课程资源实践的主体，体育教师会利用改造、整合及拓展等方法，完成对体育课程教学内容的筛选与总结。

（一）筛选

筛选体育课程资源，需要遵循一定的标准，然后从中挑选适合体育课程内容的部分。例如，体育课程教师在筛选球类运动项目时，会遵循球类运动项目教学原则及要求，选择对应的体育教材内容。筛选的特点如下：

（1）筛选需要以遵循相应的选择标准为前提。体育课程资源开发主体包含体育教师、体育学科专家及教学管理层，这些人员拥有不同程度的经验背景，会在开发层次、开发目的及开发决策等角度产生认知差异，从而形成不同的筛选体育课程资源的标准。例如，体育学科专家在筛选体育课程资源过程中，会综合考虑国家体育教育教学政策、各层级学校体育课程教学指导思想及体育课程标准教学要求等，这是从宏观选择标准角度进行考虑的。再如，体育教师在筛选体育课程资源过程中，会详细考虑体育课程标准对学生的适用性，还会分析场地、器材等资源对实施体育课程教学的要求，更多倾向围观选择标准。

（2）筛选体育课程资源，为解决体育课程实践教学进度提供相应的保障。体育课程实践教学进度包含两方面：一是体育课程实践教学内容未能全部体现，二是体育课程实践教学内容不适应学生身心需求。筛选体育课程资源，成为解决该问题的有效手段。一般而言，针对多元化的体育课程资源，体育教材编写专家会按照体育课程教学标准对其进行筛选，综合反映能够适合学生学习的体育教材内容。另外，考虑不同学校会在场地、器材等资源方面产生差异，体育课程教师会结合该方面因素进行综合筛选，确定采用哪种体育课程资源，但如果不能将体育课程资源内容全部教授给学生，这会为体育课程教师增加教学难题，毕竟体育课程教学安排时数是有限的。因此，如何筛选体育课程资源，以此确定体育课程教学内容数量和学习时长，成为筛选工作的重点。

（3）筛选过程即确定体育课程资源数量变化的过程，并不会对质量变化产生影响。具体来说，筛选体育课程资源的目的，是为了能够适应体育课程教学要求，在不改变体育课程内容具体性质的前提下，确保体育课程内容得以全部呈现。例如，在开展球类运动项目教学时，体育课程教学内容主要涉及球类技术动作标准、球类比赛规则普及、球类场地器材要求等方面，与专业球类运动项目没有区别。

（4）筛选方法适合用在简单的体育课程资源中，但缺乏一定的灵活性和适应性。由于体育学科专家及体育课程教师，是根据其自身的经验判断来筛选体育课程资源的，所以就会出现不符合学生身心发展特点的现象。

综合来看，体育学科专家、体育课程教师及学生，可以利用筛选方法完成体育课程内容开发工作。尤其是体育学科专家，他们作为体育学科教材的编写者，通常会经常性地利用筛选方法确定体育课程内容。相对来说，学生利用筛选方法的次数就会变少，如体育课程知识资源和身体练习资源等方面。

筛选过程需要遵循一定的步骤。首先是规划筛选内容清单，按照相应标准列出适合开发的体育课程内容资源，保证选择筛选度。例如，在开发球类运动项目时，需要明确球类运动项目涵盖种类都有哪些，要以清单的形式列出来。其次是确定筛选标准。开发体育课程内容资源主体不同，就会产生具有差异特征的开发目的，从而就会形成不同类型的体育课程内容资源。综合来看，体育课程教育教学政策、体育课程教学指导思想、体育课程教学目标及标准、学校体育课程教学环境、体育课程师资团队规模、体育课程辅助性资源要素、学生身心特征等，都是筛选过程需要考虑的因素。最后是对已筛选的体育课程资源进行改造。

（二）改造

改造体育课程资源，首先需要分析体育课程实施对象和条件等特点，然后再对体育课程资源构成要素进行转换加工，形成适合体育课程内容的教学资源。改造体育课程资源，就是为完善体育课程内容做必要性准备。例如，要想获得对体育课程身体练习资源的处理，就需要按照体育课程教育教学原则对其进行改造。综合来看，我国体育学科专家或学者、体育课程教师较为注重对体育课程资源的改造，尤其是在竞技运动项目方面，为保证其能够融入体育课程教学内容，会对其进行加工改造。不论是"竞技运动项目的教材化"，还是"竞技运动项目的软式化"，这些都是对体育教材内容进行加工改造的表现。在体育学科专家学者以及体育课程教师看来，任何种类的竞技运动项目要想适应体育课程内容教学，都必须经过改造才能完成。因此，改造成为高校体育课程资源开发的主要方法之一。改造的特点有如下几点：

（1）体现创新性及变化特征，是改造过程的核心要求。改造体育课程内容，并不是全部改变体育课程内容拥有的元素和特征，而是在保留部分的基础上，对体育课程内容性质做出变化调整。这就表明，原有的体育课程内容资源实际上已经得到重构。

（2）改造方式可以是多元并存的。改造体育课程资源并对其进行开发利用，可以通过多种改造方式完成，但需要结合相应的条件和效果进行综合考虑。

（3）改造后的体育课程资源在内容上呈现多元化特征。改造功能和改造结构，是改造方法的两种表现。也就是说，改造过程不对体育课程内容资源要素提出要求，可以从整体或系统层面完成改造，也可以从局部或部分层面完成变化调整。无论是传统地域特色的民族运动项目，还是新兴运动项目，都可以通过改造加以完成。当然，任何单一性的动作结构和组合动作结构，同样可以以改造的方式来对身体练习进行变化调整。

（4）改造过程因人而异，需要个人凭借经验判断来完成，这会相应增加改造难度。具体来说，改造者需要具备较高的能力素养，以此完成对体育课程资源知识、方法和能力技巧的经验判断，这一过程增加对体育课程内容资源改造的难度。

体育学科专家、体育课程教师和学生，都可以是改造体育课程资源的主体。当然，由于角色划分不同，改造方法使用频率也就存在差异。按照体育课程资源开发主体特点来分析，体育课程教师使用改造方法的频率最高，原因在于：体育课程教师需要确保体育课程内容具有较高的适用性，即符合学生身心发展需求，具备一定的兴趣参与度，满足学生的学习兴趣及爱好。在开发身体练习资源过程中，体育课程教师会加入必要的改造方法，完成对包括活动性游戏资源、运动项目资源在内的资源开发工作。

改造过程需要遵循一定的步骤。首先，以学生身心特点及学校环境条件为出发点。学生身心特点，包括学生年龄、性别、兴趣爱好、生理发育及心理发育等要素，在综合分析学生身心特点的基础上，还要对学校场地及器材等资源条件进行考虑，将之作为改造内容与形式的依据。其次，结合体育课程资源构成要素进行分析。体育课程资源构成要素包括：身体练习资源、素材资源和条件资源等。其中，身体练习资源由练习方法、环境关系及比赛规则等要素构成。而改造的过程，实际上就是针对资源要素变化趋势，进行加工和修改。如果体育课程内容资源较为具体，那么就可以适当考虑取舍资源要素，并对已确定的部分进行改造，进而构建新的体育课程内容。最后，改造体育课程资源构成要素，需要综合考虑改造目的及原则。改造过程具有明确的标准要求，要使改造过程符合体育课程资源开发利用目的，就需要遵循趣味性与游戏性原则、教育性与文化性原则、适应性与可行性原则、生活性与适用性原则。例如，改造竞技运动项目以使其教材化，可以从动作教育方向、游戏方向、理性方向、文化方向、生活和实用方向、简化方向、变形方向、运动处方方向等考虑。

（三）整合

整合体育课程资源，要求系统汇总各类型体育课程资源要素，并按照相应方式将其有机组合在一起，构建新的体育课程内容。例如，把乒乓球运动和羽毛球运动整合在一起，利用木制乒乓球拍、羽毛球的球和球网以及乒乓球的基本比赛规则，就可以组合成一项新的运动项目——"嗒嗒球"。整合具有以下几方面特点：

（1）整合范围不受限制。按照已有的理论分析，整合范围不会受边界条件限制，所有的体育课程资源都可以通过整合的方法完成，无论是身体练习资源还是知识技能资源，都会成为推动体育课程质量改革的手段。

（2）整合包含各种层次和方式。例如，以空间层次为整合依据，以功能层次为整合依据，以结构要素方式为整合依据等。无论体育课程资源是否具备统一类型，都可以通过整合来完成，如知识资源之间的整合，知识资源与身体练习资源的整合等。另外，体育课程内部之间同样可以发生整合效应，体育课程与其他课程之间也可以通过整合来完成。这就表明，即便是出现跨学科、跨领域的课程资源内容，只要运用整合方法就能实现内容的交叉融合，如体育与军事、体育与舞蹈等。虽然整合方式多样，但需要结合体育课程实际情况来考虑。

（3）整合过程尤其重视提炼这一要素。也就是说，提炼程度会决定体育课程资源要素整合效果，要保证各要素精华部分结合在一起，就需要重视提炼发挥的功能作用。

根据不同类型的开发主体，体育学科专家和体育课程教师会经常运用整合方法。另外，学生同样可以成为整合方法的使用者，但需要在体育课程教师的指导下进行。

整合过程需要遵循一定的步骤。首先，应将整合目的作为关键。针对已开发的体育课程内容资源实施整合，一方面可以保证体育课程内容涵盖的教育功能得以发挥，常见的有体育安全教育、体育国防教育及体育身心素养教育等，这种整合形式可以增加体育课程内容的健身娱乐特征，有助于帮助学生开发智力审美意识，提高学习动机。因此，增加体育课程内容资源的趣味性，是实施整合方法的主要目的之一。另一方面可以保证体育课程内容适应学生学习需求，在学习体育课程内容过程中，学生难免会产生较为消极的心理，而通过运用整合方法，可以有效调节体育课程内容资源要素。因此，整合体育课程内容资源尤其要明确其目的。其次，在综合分析体育课程内容资源要素特点的基础上，有针对性地选择整合方式。同类型体育课程内容资源可能会包含各种要素，如同属球类运动项目的篮球和排球等，这就决定了整合方式的多样性。根据运动项目数量的多少，整合方式会呈现相应递增或递减变化趋势。这就表明，在整合多个要素前，需要完善选择计划和设计方法。例如，针对知识资源和身体练习资源进行整合时，就需要分析知识点与身体练习要素的适应性，明确结合程度。第三，有必要完成对体育课程内容资源的整合。改造方法为整合各体育课程内容资源要素提供支撑，再改造后加入整合方法，可以使体育课程内容更具针对性和可操作性。最后，对已整合的内容进行检验与修改，并将其运用至教学过程。应该注意的是，整合内容或多或少会存在相应问题，需要及时进行可行性检查，并对其做出修改和调整。

（四）拓展

拓展体育课程资源，首先需要具体分析原有的体育课程资源特征，然后按照体育课程内容教学要求，对体育课程资源形式和功能进行扩展与补充。例如，针对足球体育运动项目实施教学时，可以在遵循原有体育教材内容的基础上，适当对其进行扩充，但前提是要符合学生身心特点，像是与足球运动有关的发展历史、足球动作图片、足球比赛录像及相关新闻报道等，都可作为体育课程教学内容。拓展的特点如下：

（1）拓展体育课程内容资源必须确定标准依据。也就是说，要选择具体的体育课程内容资源进行拓展，以增加体育课程内容的充盈度，既可以是具体的体育知识，也可以是具体的身体练习方法等。例如，开展投掷类体育运动项目教学时，首先可以从右上手投开始，然后逐步延伸，形成单手下投、飘投、双手向上或向后抛投等。

（2）拓展体育课程内容资源，包括体育课程内容、体育课程形式及体育课程功能这三方面。其中，拓展体育课程内容，主要就体育课程知识资源及身体练习资源进行补充介绍。例如，可以适当补充吸烟对体育动作机能的影响，具体可围绕吸烟的危害性开展体育课程内容教学。拓展体育课程形式，主要就已扩展的体育课程内容进行形式上的调整，如在扩展体育课程内容后，可以通过文字、图片、光盘、模型、图表等形式进行介绍讲解。拓展体育课程功能，是指尽量呈现各种功能的体育课程内容，如在进行攀爬练习时，既要满足发展学生基本活动能力的需求，又要展现攀爬练习具有的改善心理品质、提高社会适应力的功能。

（3）拓展要通过活动途径来完成。在尊重学生主体性的前提下，围绕体育课程内容资源进行拓展，需要确保组织活动的多样性。例如，为能有效拓展奥运知识，体育课程教师可以组织奥运知识竞赛、奥运演讲比赛及奥运物品收藏展示等活动进行。

（4）筛选、改造可以与拓展结合运用。实践表明，已拓展的体育课程内容资源丰富多样，但并非全部都适合学生学习，所以需要对已拓展的体育课程内容进行筛选和改造。

总体来说，拓展方法运用主体同样包含三类，即体育学科专家、体育课程教师和学生。为保证体育课程内容资源能够呈现趣味性特征，学校体育课程教师会普遍运用拓展方法。尤其是针对体育课程知识资源和体育课程身体练习资源，体育课程教师会提高运用拓展方法的频率。拓展过程需要遵循一定的步骤。首先，以分析体育课程资源性质和特点为出发点，明确体育课程内容资源的内容结构、呈现方式及主要功能，这是拓展体育课程内容资源的主要依据。其次，要结合学生身心特征探寻适合拓展的体育课程内容资源，这是强化拓展体育课程内容资源质量的标准要求，如可以按照一定形式来寻找拓展空间，还可以根据内容结构或呈现方式进行拓展等。再次，要完善体育课程内容资源拓展方式。运用拓展方法，必须借助必要的空间条件，如图书馆、资料室、网络媒介、书店等，然后按照筛选和改造的要求，综合完善已拓展的体育课程内容资源。最后，针对拓展的体育课程内容资源实施反思与总结，检验已拓展的体育课程内容资源是否具备适用性，然后对适合的部分进行整理，将之作为资料进行长期保存，如建立资料库等。

（五）总结

总结体育课程资源，是对体育课程内容开发实践工作，进行经验及成果等方面的回顾、分析与反思，从中归纳具有特色的体育课程内容。简单来说，总结就是对已开发的体育课程内容资源，进行经验判断、分析与归纳。总结可以被看作是开发高校体育课程资源的一种方法，总结在开发过程中具有重要影响作用。总结具有以下几个特点：

（1）总结具有目的性特征，且呈现多元化发展趋势。当在开发体育课程资源时运用总结方法，就会呈现三种目的。一是明确表明开发体育课程资源的利弊关系，并将其作为调整体育课程实施过程的依据。二是对已开发体育课程资源的优势之处进行总结推广，为其他体育课程教师实施体育课程资源开发提供借鉴，完善体育课程教学质量。三是为学生提供用于分享的学习经验，帮助学生提高学习效果。

（2）对整个体育课程实施过程进行总结。在体育课程内容资源完成开发任务后，体育课程教师可以总结具有目的性、计划性的内容资源，并将其作为体育课程教学依据。同时，体育课程教师可以着重关注体育课程实践中蕴涵的内容资源，对其进行总结。例如，在开展体育课程实践教学过程中，体育课程教师有时会产生偶然间的灵感，这部分灵感就可以作为体育课程内容资源的一部分。因此，体育课程教师需要遵循新课程理念，形成反思与总结意识。

（3）总结会以文字报告方式或学术论文方式呈现。文字报告包含体育课程教师对实施课程教学效果的总结，主要是以学生学习状况为依据。而学术论文报告，大多是由体育学科专家和少数先进教师完成，其总结内容较为规范。部分高校尤其注重以学术论文方式完成总结报告工作，但学术论文篇幅相对来说较少，主要是对体育课程内容资源教学进行总结，具有较为积极的意义。

总结方法运用主体包含体育学科专家、体育教师和学生这三类，主要是完成对体育课程内容资源开发的工作。一般来说，总结方法适用于以下几方面，如知识资源、身体练习资源、学生经验资源等。总结过程需要遵循一定的步骤。首先，要先进行反思工作，即对体育课程内容资源开发过程进行反思，从中总结经验心得及教训，确保反思工作详细真实，具有价值参考性。其次，对已有的反思做梳理总结，以学术论文报告或其他形式报告、专著呈现出来。

二、高校体育课程资源开发的程序

开发体育课程资源，需要遵循特定的程序，从准备开发体育课程资源开始，到实施开发体育课程资源工作，最后是对开发体育课程资源过程进行总结。准备开发体育课程资源时，要构建可供实施开发体育课程资源工作的方案，如组织准备方案等。另外，在准备方案时，需要考虑开发体育课程资源的目标，提前收集相关资源信息，并完成编制开发方案准备。到实施开发体育课程资源时，需要按照既定的准备方案进行，并考虑实施的途径和形式，确保开发体育课程资源工作能顺利实施。最后是总结开发体育课程资源过程经验，要认真回顾反思准备、实施阶段出现的问题，并对这两个阶段工作质量进行评价，可以先从整理开发成果开始，然后再从中归纳相关信息，撰写评价性总结报告。

总体来说，开发体育课程资源的三个程序是存在关联的，也就是能够互相影响。一个程序的完成代表着另一个程序的开始，整个开发程序过程体现相互依存的特征。然而，由于体育课程资源开发主体存在差异，这就会致使体育课程资源开发范围发生变化，从而使体育课程资源开发程序呈现不同特点。这就表明，我们需要针对不同实施主体，考虑体育课程资源开发程序产生的差异化因素。总之，开发体育课程资源时，除了需要遵循特定的程序，还应遵循实际运作的具体步骤。

（一）开发准备阶段

准备阶段是开发具体实施前的预备阶段，从管理的角度而言，准备是进行任何活动必不可少的首要环节。在体育课程资源开发中，精心的准备工作不仅关系到整个开发活动是否能够顺利进行，而且还决定着最终的开发质量和效果。在体育课程资源开发的准备阶段，主要任务是为开发的实施提供人员保障和切实可行的开发方案，为此必须确定三个问题：为什么开发、由谁来开发和开发什么。

为什么开发，开发的直接目的是什么。不同的开发目的决定了不同的开发内容和方法。由谁来开发，谁是开发活动的主体。体育课程内容资源的开发主体，既可以是单一性的，如以体育学科专家或体育教师为主体进行开发，也可以是综合性的，如体育学科专家与体育教师或体育教师与学生联合进行开发等。开发什么，即开发的具体对象与内容。

由谁来开发和开发什么构成了体育课程内容资源开发准备阶段的两个实质性的工作：组织准备与方案准备。

1.组织准备

组织准备主要是开发人员的准备，主要工作包括成立专门的体育课程资源开发工作小组；确定参与的主要人员及小组成员之间的分工；设置一定形式的开发办事机构；聘请有关专家、顾问组成专家组等。

成立以体育教师教研组为主体、其他相关人员参与的体育课程资源开发小组，不仅为体育课程开发提供组织保证，而且它本身也应该成为一个进行宣传和动员，提供支持和服务，增进交流、对话和理解，增强凝聚力和归属感的过程。因此，体育课程资源开发工作小组的成员应该具有广泛的代表性，必须有学生及其家长的代表、社区人士代表等，并且要体现学校教师主体的特点。在工作过程中要体现民主、开放、科学、合作的精神。小组成员之间通过交流沟通，相互启发，集思广益，为体育课程资源开发献计献策。不同性质的体育课程资源开发活动，其组织准备的规模、结构等都是不同的。组织准备一定要围绕着开发的具体目标来进行，要讲究效率。如有可能，还应该对参与开发的人员进行一定的培训。

2. 方案准备

方案准备是整个开发过程中技术性最强的工作，其中包括以下工作环节：

（1）明确开发目标

即确定开发体育课程资源所要完成和达到的目的或标准，一般应以解决实践中的某个问题为重点。如开发适合学生在室内开展的身体练习、改变学生学习体育基本理论知识的学习方式、编写有特色的体育教材等。

（2）收集相关信息

这是开发体育课程资源非常重要的环节，所涉及的范围也极为广泛。在体育课程资源开发中，收集和获取信息的方法也是多种多样的，主要有开展调查研究、查阅文献资料、利用教育技术手段等。值得提出的是，在获取相关的体育课程资源开发信息中，要特别注意发挥网络的重要作用。网络是一个信息的海洋，通过它我们可以找到自己需要的各种信息：教育的、体育的、娱乐的、休闲的、历史的或现实的、文字或影像的等等。网络还有一种最宝贵的却容易被人们忽视的资源——人的资源。在网络上可以找到各种各样的人，如教育专家、体育专家、运动员、体育教师、教练员、民间艺人以及有各种有专长的人士等，我们所需要解决的问题都可以得到他们的帮助。

（3）编制开发方案

在确定开发目标和收集的相关信息的基础上，方案准备的最后一个环节就是设计出具体的开发方案。不同性质的体育课程资源的开发，在方案的结构以及具体内容的详细程度以及侧重点等方面都有一定的区别。一般来说，一份较为完整的体育课程开发方案大致应该包括以下要点：开发主题与背景；开发目标；开发的组织、参与人员；开发的主要方法，包括一些具体的手段如怎样获取相关信息等；开发的具体步骤与时间安排；开发的成果形式；等等。在实践中，有些体育课程资源的开发活动是通过体育课程实施的主要环节——体育教学来完成的，例如对学生经验资源的开发等。这一类体育课程资源的开发方案的编制既可以单独进行，也可以与具体的体育课堂教学设计和教案相结合，在体育教学设计和教案中体现出来。

（二）开发的实施

实施阶段是将准备阶段所制定的方案付诸行动的过程，它是整个体育课程内容资源开发过程的核心。实施阶段所面临的主要任务是如何开发、怎样开发才有效这样一系列的问题。体育课程内容资源开发的实施不仅需要考虑如何配备人员以及协调人员之间的关系，而且需要考虑有可能影响实施过程的外部因素，如时间、经费、场地器材、学校领导的态度等。因为每个影响因素都有可能最终导致整个开发过程的流产和失败。

在体育课程资源开发实施阶段，往往可能会暴露出一些出乎意料的棘手问题，如教师与专家的沟通问题，开发内容与开发条件的矛盾问题，开发内容与学生的可接受性之间的冲突等，这些都需要进行特别处理和解决。

1. 开发实施的途径形式

对于不同的体育课程资源开发的主体和开发内容，实施开发的途径和形式是多种多样的，主要以下几种。

（1）体育课堂教学

这是体育教师和学生进行体育课程内容资源开发的主要途径，特别是对学生经验资源的开发。体育课堂教学通常是体育教师和体育学科专家实施体育课程内容资源开发方案的主要场所，也可以作为验证开发效果的重要途径。

（2）课外作业

课外作业是以学生为主体进行体育课程内容资源开发的主要形式之一，通常在体育教师的指导下和家长的帮助下进行。例如，让学生通过网络、图书馆和书店来开发心理健康方面的知识资源等。

（3）理论研究

这种形式通常为体育学科专家和体育教师采用。如体育学科专家在编写教材时，可以运用文献资料法及归纳、演绎等逻辑方法，通过理论研究对体育教材的结构、体系、内容等进行构建。

（4）行动研究

教育实验是一种比较规范、有效的开发实施形式，通常为体育学科专家和体育教师所采用，当然这个过程少不了学生作为实验的对象。一般来说，教育实验也可以分为多种类型，如小规模教育实验和大规模教育实验，预备实验和正式实验等。

2. 开发实施需要考虑的因素

在体育课程资源开发的实施阶段，为了提高实施的效率，还应该考虑以下几个因素。

（1）人员因素

包括了两层含义：一是指在体育课程资源开发的实施过程中，要合理确定每个参与人员的主要工作职责，即工作范围的划分；二是指人员之间的协作，包括怎样协作以及什么样的方式进行协作等问题。对于一个规模比较大的体育课程资源开发活动，如国家级的体育教材的编写、体育校本课程的开发等。参与的人员会来自不同的地方和部门，要顺利地实施开发方案，对这些人员的有效组织往往是开发实施的关键环节。

（2）时间因素

时间是决定开发实施效果的另一个重要因素。在开发的实施阶段，不仅要考虑整个开发活动的时间安排，还要考虑开发实施各个环节的具体时间如何安排，例如体育教师在安排开发实施的时间时，必须要考虑学校的课时表，以避免其与开发实施活动时间安排上的冲突。再如，以学生为主体的体育课程资源开发的实施，体育教师应该根据他们的实际情况来确定其被动完成的时间等。

（3）条件因素

条件因素包括开发实施所需要的场地、器材设备以及经费等，是开发实施的重要保证。在实践中，往往会出现开发方案与开发条件之间的矛盾，这时解决的方法只有一个——调适：要么修改开发方案，使方案适应现实条件；要么创造条件，尽量使现实条件和开发方案相适应。

体育课程资源的开发实施过程具有反复性的特点，也就是说整个实施过程不可能一次完成，需要反复进行尝试、改进、再尝试，才能取得较好的效果。

（三）开发的总结

总结体育课程内容资源开发成果，是整个开发过程的最终阶段。该阶段主要任务为：对准备阶段和实施阶段活动进行反思总结。一个程序的完成代表着另一个程序的开始，在完成准备和实施工作后，对已开发的体育课程内容资源进行总结，可以为推广开发经验提供方案需求，成为完善体育课程内容资源开发质量的依据。总结阶段主要工作内容包括：整理开发成果、总结开发经验或心得、推广开发成果等。

1.整理开发成果

在实施开发体育课程内容资源工作后，需要对其形成的开发成果进行整理。当然，为确保整理的开发成果能够得以留存，可以将其附属在各种形式的载体上，如文字、图片、录像带或光盘等。这就表明，体育课程资源开发成果可以拥有多种表现形式，但必须确保主要材料和辅助材料的完整性，并对已整理的开发成果进行分类。

2. 了解相关信息

在开发的总结阶段，同样也需要了解整个体育课程资源开发准备和实施阶段的效果、问题等方面的各种信息，这是对开发活动进行评价的基础。可以通过调查，如问卷调查、访谈、召开座谈会、现场观察以及专家鉴定会等途径来获得。对所收集和了解的各种信息，要及时进行整理，以便为下一环节的评价工作奠定基础。

3. 评价

评价是开发总结阶段必不可少的工作环节。评价的根本目的不是判别优劣，而是为了进一步完善体育课程内容资源开发提供切实可行的意见。

评价从内容上来说，可以是针对开发成果的评价，也可以是针对开发过程的评价。针对开发成果的评价重点在于评价成果的主要教育价值、成果对于学生和学校的适应性、成果的可操作性等方面。针对开发过程的评价，重点在于评价开发过程的主要收获、开发的效率、开发过程所存在的问题等方面。

评价主体即参与评价活动的人员是多元化的，仅仅依靠体育学科专家和体育教师的评价是远远不够的。为了保证评价的客观性和有效性，体育课程内容资源开发的评价主体至少要包括体育学科专家、体育教师、学生、学校管理者、家长等人员。从评价方法来看，既可以进行定性评价，也可以进行定量评价，还可以将定性评价和定量评价结合起来进行。在具体的评价中，要注意与所了解的相关信息结合起来，尽可能做到全面、客观、可靠。

4. 撰写总结报告

体育课程资源开发的总结报告包括对整个开发过程的概述、开发的主要成果、对开发过程或开发成果的评价、主要经验和存在问题等内容。总结报告既要反映整个开发过程的全貌，又要简明扼要。

5. 推广开发成果

推广体育课程内容资源开发成果，是得以完善体育课程教学质量的保证。另外，为能够实现共享体育课程内容资源，就必须借助体育课程推广手段来完成。在综合整理推广意见的基础上，确保已开发的体育课程内容资源能够丰富完善。一般而言，推广体育课程内容资源开发成果，主要通过如下形式完成，如出版专著或教材、发表学术性论文等。

总体来说，在设计体育课程内容资源开发活动之前，需要遵循这三个基本程序或基本阶段。同时，应该根据开发主体差异，考虑可能出现的开发内容差异，具体开发体育课程内容资源时，可以结合实际情况考虑具体的开发环节和步骤。也就是说，作为体育课程内容资源的开发者，应该明确开发的目的或动机，考虑可能出现的开发效果。由于体育课程资源开发步骤存在关联性和影响性，所以要将开发体育课程资源过程视为整体，以不断更新完善体育课程内容资源。

参考文献

[1] 许月云，林历元，李彩娥 . 新时代福建省学校体育场地资源配置及优化策略 [J]. 泉州师范学院学报，2022，40（4）：59-65.

[2] 吕延滨 . 共享理念下开封市社区体育资源优化利用与发展研究 [D]. 开封：河南大学，2022.

[3] 王婧 . 体育强国战略下西部地区公共体育设施资源配置优化研究 [J]. 文体用品与科技，2022（14）：83-85.

[4] 刘湘连 . 湘西德夯民族文化村少数民族体育旅游资源开发历程与路径研究 [D]. 昆明：云南师范大学，2022.

[5] 郭曼 . 城乡公共体育资源的优化配置探析 [J]. 闽南师范大学学报（自然科学版），2022，35（2）：85-90.

[6] 鲜一，陈鸥，李秦宇 . "双循环"格局下我国公共体育资源优化配置研究：基于资源流动视角 [J]. 体育学刊，2022，29（4）：53-60.

[7] 钱亚辉 . 基于体育产业发展视角的体育资源开发策略研究 [J]. 文体用品与科技，2022（11）：46-48.

[8] 李晶 . 安康市城乡中小学体育教育资源配置比较研究 [D]. 西安：西安体育学院，2022.

[9] 李新朝 . 大理州少数民族体育旅游资源开发与运营模式研究 [D]. 昆明：云南师范大学，2022.

[10] 谢哲 . 基于资源共享视野的城市社区体育资源优化配置探讨 [J]. 齐齐哈尔师范高等专科学校学报，2022（2）：89-91.

[11] 朱双健 . 破解体育场馆资源配置难题 [N]. 经济日报，2022-03-01（12）.

[12] 聂文文 . 共享经济视角下公共体育资源优化配置路径研究 [J]. 盐城工

学院学报（社会科学版），2022，35（1）：88-90.

[13] 袁野.我国高校体育场地器材资源开发与利用的可持续性发展 [J]. 健与美，2022（2）：138-140.

[14] 邓华荣.广东省高校体育舞蹈人力资源服务社区体育路径研究：以健康中国建设为背景 [J]. 南方职业教育学刊，2022，12（1）：102-109.

[15] 刘焕良，康胜.广东省乡村体育资源的开发利用与优化配置 [J]. 体育风尚，2022（1）：137-139.

[16] 刘若骞，王龙飞，范铜钢.乡村振兴战略下少数民族特色体育旅游的内涵、困境与优化路径研究 [J]. 体育学研究，2022，36（1）：43-49，112.

[17] 徐雪芹，徐宏远，袁凤梅.少数民族传统体育旅游资源开发与利用的研究：以云南德宏州为例 [J]. 文体用品与科技，2021（22）：11-12.

[18] 李长华.新时代基于高校体育赛事资源配置的研究 [J]. 冰雪体育创新研究，2021（20）：179-180.

[19] 程喜杰.多元协同背景下常州大学城体育资源共享研究 [J]. 科技资讯，2021，19（25）：81-83.

[20] 寇健忠，吴鹤群，林正锋.公共体育资源优化配置制度的转换基础、变迁特征与创新路径 [J]. 三明学院学报，2021，38（4）：13-19.

[21] 王晓炜.高校校园体育资源的共享与优化策略 [J]. 当代体育科技，2021，11（23）：132-135.

[22] 徐磊，王庆军，黄东亚.全民健身视域下学校体育场馆运行机制障碍及推进路径 [J]. 河北体育学院学报，2021，35（4）：42-48.

[23] 叶飞.资源配置视角下群众"健身难"问题破解路径研究 [D]. 上海：上海体育学院，2021.

[24] 朱家红.西南少数民族地区体育旅游资源的开发与利用 [J]. 体育风尚，2021（5）：7-8.

[25] 齐震，周家金，李远华.精准扶贫视角下少数民族传统体育资源开发策略 [J]. 嘉应学院学报，2020，38（6）：96-100.

[26] 顾志祥 . 关于少数民族体育资源开发的探析 [J]. 文体用品与科技，2019（14）：85-86.

[27] 朱伟，张军，王真 . 基于丝绸之路经济带的少数民族体育文化资源开发研究 [J]. 当代体育科技，2019，9（19）：209-210.

[28] 孔庆波 . 学校体育场馆资源失衡与非均衡管理 [M]. 北京：北京体育大学出版社，2015.

[29] 徐伟宏 . 中国竞技体育发展模式的历史演进与路径创新 [M]. 北京：北京体育大学出版社，中国体育博士文丛，2012.

[30] 王飞 . 我国体育产业发展的制度创新研究 [M]. 北京：北京体育大学出版社，中国体育博士后文丛，2015.